LES DOSSIERS HACHETTE

DE LA RUE AU MONDE
LA FRANCE À TOUTES LES ÉCHELLES

CYCLE 3

MARYSE CLARY
MAÎTRE DE CONFÉRENCES À L'IUFM D'AIX-MARSEILLE

Conforme aux progressions du B.O. du 5 janvier 2012

hachette
ÉDUCATION

ISBN : 978-2-01-117921-0

AVANT-PROPOS

Étymologiquement, la géographie est l'écriture de la Terre. Mais il y a bien longtemps qu'elle a dépassé le simple stade de la description pour nous apporter une intelligence de l'espace qui nous est d'autant plus nécessaire que nous sommes les acteurs de la géographie.

Les **DOSSIERS HACHETTE** proposent une première découverte de cette discipline. L'objectif est de permettre aux élèves d'acquérir des repères spatiaux. Ils vont apprendre à les identifier, à les nommer et à les localiser. Chaque leçon donne aux élèves les premiers éléments pour comprendre le monde dans lequel ils vivent et apprendre à y découper des territoires qui ont du sens. Le lieu où l'on vit appartient toujours à des ensembles spatiaux plus vastes. L'observer en prenant en compte ces divers ensembles apprend à le situer dans l'espace et permet de comprendre comment il fonctionne. Ce n'est qu'en jouant avec les échelles que l'on peut comprendre le rôle d'une ville, d'une région ou d'un pays. C'est pourquoi ce dossier s'attache à présenter le territoire français et le rôle de la France à toutes les échelles : de la rue au quartier, du quartier à la ville et des villages aux villes, des communes aux départements et aux régions, du niveau local au niveau national, puis européen, et enfin mondial. Les élèves vont constater qu'en changeant d'échelle, l'observation s'enrichit et les phénomènes n'ont plus la même signification : il y a discontinuité. Cette notion est fondamentale dans le raisonnement géographique.

Le dossier **De la rue au monde – La France à toutes les échelles** est découpé en huit chapitres. Chacun présente une grande variété de documents (photographies, cartes, schémas, diagrammes, croquis…) qui sont les véritables outils de la géographie choisis en fonction d'une problématique et de leur pertinence pour des élèves de cycle 3.

Chaque chapitre s'organise de la façon suivante.
- Une double page présente un type d'espace ou un problème avec une entrée par une grande photographie ou une carte, pour répondre aux questions « Quoi ? Où ? ».
- Une double page explique et approfondit le thème étudié à travers des exemples plus détaillés. L'élève peut ainsi confronter des organisations différentes l'amenant à se poser des questions (« Qui ? Pourquoi ? Comment ? ») et à saisir des dynamiques.
- Une double page « *En savoir plus sur…* », ludique et ancrée dans l'actualité, permet de rendre plus vivante cette approche du territoire français. Elle s'achève sur un « Carnet de route » qui donne leur cohérence aux documents présentés et résume la leçon.

Tous les trois chapitres, une double page « *À la manière de…* » aide les élèves à utiliser avec méthode les outils de la géographie. Elle les amène à conduire des activités d'enquête et de recherche.

Cette collection contribue à rendre l'élève apte à analyser les images, à en dépasser la vision immédiate, à comprendre comment les sociétés passées et actuelles s'inscrivent dans les paysages et à rendre le monde plus intelligible.

Maryse CLARY

SOMMAIRE

De la rue
La France à toutes

au monde
les échelles

Qu'y a-t-il

En sortant de chez toi, tu es dans la rue.
Ta rue fait partie d'un quartier où les rues et les bâtiments se ressemblent. Les habitants y ont leurs habitudes quotidiennes : ils y vivent, ils y travaillent et ils s'y rencontrent.

Doc. 1 : La rue Montorgueil, à Paris.

1. À ton avis, pourquoi cette rue est-elle très fréquentée ?

2. Quelles activités occupent le rez-de-chaussée des immeubles ? Relève des indices sur la photographie.

3. D'après toi, qu'y a-t-il dans les étages de ces immeubles ?

4. Choisis l'(es) adjectif(s) qui convien(nen)t pour décrire cette rue :
piétonne, commerçante, déserte, résidentielle…

dans une rue ?

Doc. 2 : L'avenue Daumesnil, à Paris.

5. Quelles sont les différences entre les Doc. 1 et 2 ?

6. Où circulent les piétons ? les voitures ? les vélos ?

7. Qu'est-ce que le mobilier urbain (Doc. 3) ?

8. Relève, sur les photographies des Doc. 1 et 2, tous les éléments de mobilier urbain.

LE MOBILIER URBAIN

Le mobilier urbain est l'ensemble des éléments placés dans l'espace public et qui servent à tout le monde : les bancs, les poubelles, les barrières, les réverbères, les plaques de rues, les horodateurs, les panneaux et les feux de signalisation, les range-vélos, les grilles d'arbres, les abribus…

Doc. 3

Doc. 4 : La rue Voltaire, à Strasbourg (Bas-Rhin).

9. Décris cette rue (Doc. 4). En quoi est-elle différente des rues des Doc. 1 et 2 ?

10. À quel(s) moment(s) de la journée penses-tu qu'elle s'anime ? Explique ta réponse.

Doc. 1 : Un commerce, à Rouen (Seine-Maritime).

1. Quel commerce vois-tu sur cette photographie (Doc. 1) ?

2. Est-il nécessaire à la vie quotidienne des habitants du quartier ?

3. Quel service public vois-tu (Doc. 2) ?

4. Que viennent faire ces personnes ?

5. À ton avis, ces personnes habitent-elles loin de cet endroit ? Pourquoi ?

Doc. 2 : Un service public, à Paris.

6. À quoi sert ce jardin (Doc. 3) ?

7. D'après toi, pourquoi un jardin public est-il important dans un quartier ?

Doc. 3 : Le jardin des Bienfaîtes, à Brie-Comte-Robert (Seine-et-Marne).

dans un quartier ?

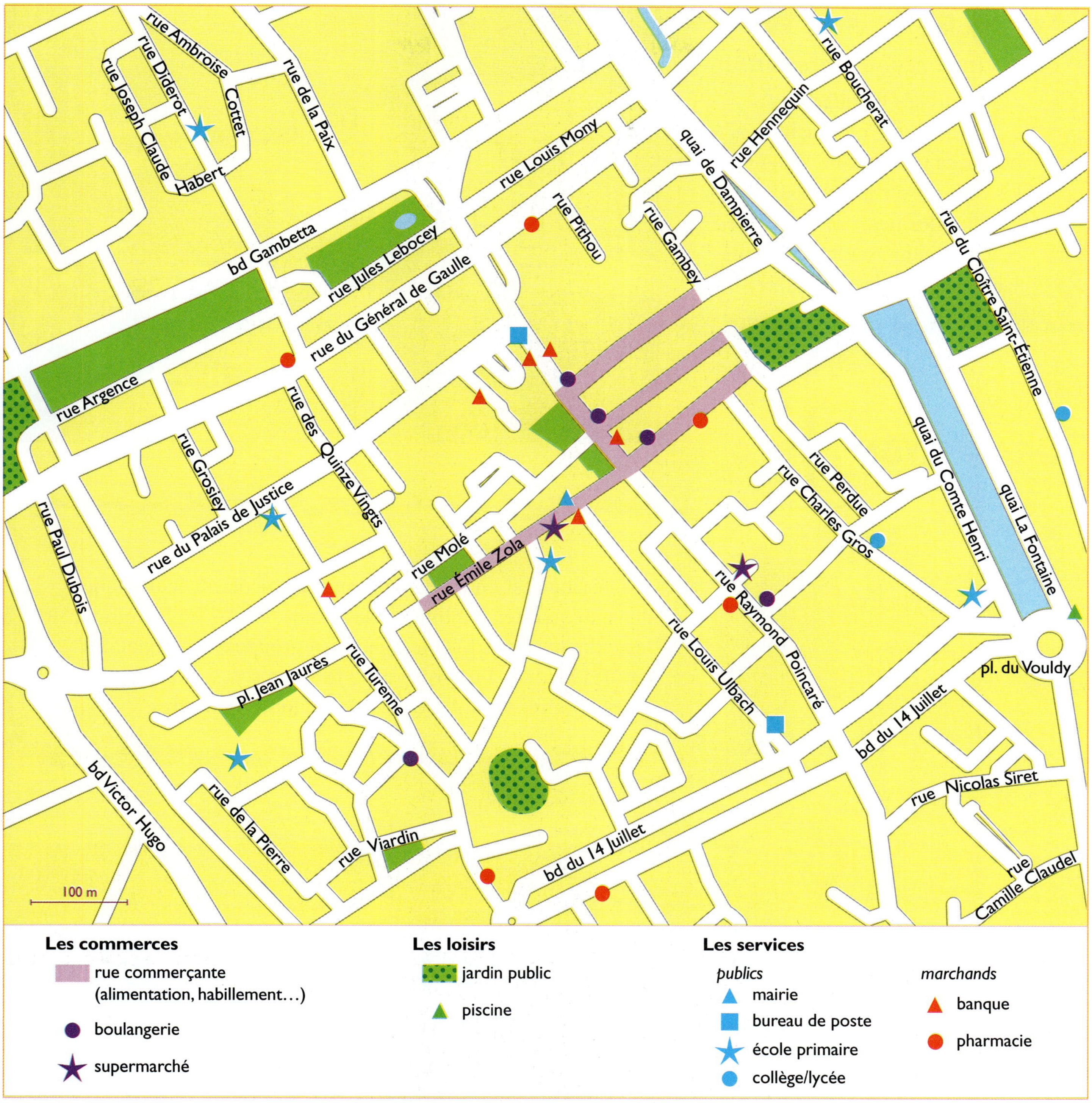

Doc. 4 : Le plan d'un quartier de Troyes (Aube).

8. Trouve-t-on, dans ce quartier, tout ce qui est nécessaire à la vie quotidienne ? Donne des exemples.

9. À ton avis, les habitants peuvent-ils faire leurs courses à pied ? Pourquoi ?

10. Quels sont les services publics présents dans ce quartier ?

11. En quoi sont-ils essentiels dans la vie quotidienne des habitants ?

En savoir plus sur… la rue

Un marché de quartier

Les marchés de quartier s'installent une ou plusieurs matinées par semaine dans les rues ou sur les places. Ce sont des lieux de rencontre et d'animation où les habitants viennent faire leurs courses.

Le marché de Sault (Vaucluse).

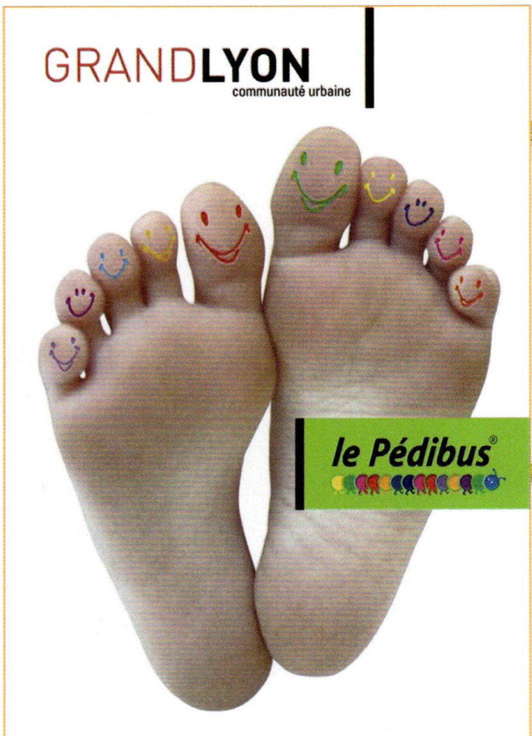

Le pédibus

Le pédibus est un mode de ramassage scolaire écologique dans un quartier. Plutôt que de prendre le bus ou la voiture, les enfants vont à l'école à pied, en groupes, accompagnés par des adultes. Les groupes se forment à des stations et à des horaires précis. Ce sont des autobus pédestres.

Le pédibus de Lyon (Rhône).

Une maison de quartier

La maison de quartier est un lieu de vie où les habitants et les associations peuvent s'installer et organiser des activités ou des animations pour la population.

La maison de quartier de la Paderne, à Tournefeuille (Haute-Garonne).

Le quartier de l'Estaque

Le petit port de l'Estaque est l'un des quartiers les plus pittoresques de Marseille. Il a été peint par de nombreux artistes, dont Paul Cézanne.

Le Golfe de Marseille vu de l'Estaque, Paul Cézanne, vers 1885.

LEXIQUE

Quartier : partie d'une ville qui présente un ensemble de caractères communs.

Résidentiel : où il y a surtout des bâtiments d'habitation.

Rue : voie publique bordée de maisons ou d'immeubles.

Services publics : services rendus aux personnes par une administration publique (poste, éducation, transports en commun…).

CARNET DE ROUTE

La rue : un espace familier

La **rue** où tu habites est **le lieu que tu connais le mieux**. Elle a un nom et toutes les habitations y portent un numéro : c'est ton adresse dans la ville ou dans le village.

Toutes les rues d'une ville ou d'un village sont **différentes**. Elles sont bordées d'habitations (immeubles ou maisons) ou de magasins. Certaines sont très larges comme des avenues ou des boulevards, d'autres très petites comme des ruelles ou des impasses.

Certaines rues sont **commerçantes** et vivantes, d'autres sont surtout **résidentielles** et peu animées pendant la journée.

Le quartier : un paysage particulier

Un **quartier** est **un ensemble de rues qui ont des points communs** :
– **les bâtiments et les immeubles** ont généralement été **bâtis à la même époque** et **se ressemblent** ;
– **les activités** que l'on y trouve sont à peu près **semblables** et caractérisent le quartier. Certains quartiers sont plutôt tournés vers des activités de bureau, d'autres sont plutôt résidentiels… ;
– **les habitants** qui y vivent sont plus ou moins jeunes, plus ou moins aisés.

Le quartier : un espace de vie

Le quartier constitue **un espace de vie et d'échanges**. Les gens y travaillent, s'y déplacent et s'y rencontrent. Des marchés, des maisons de quartier, des jardins et des **services publics** permettent aux habitants de **se côtoyer** et de **tisser des liens** entre eux.

On trouve, dans son quartier, tout ce qui est nécessaire à la vie quotidienne.

Quels sont les différents

La ville s'organise en plusieurs quartiers
qui se différencient par leurs activités et leurs bâtiments.
Dans leur vie quotidienne, les habitants ont souvent besoin
de se déplacer d'un quartier à un autre
en fonction de leurs besoins.

Le centre-ville.
Le quartier de l'Île Verte.

Doc. 1 : La ville de Grenoble (Isère).

1. Observe la ville de Grenoble. Quel quartier est entouré en jaune ? en rose ?

2. Sans les couleurs, comment aurais-tu distingué ces deux quartiers ?

3. D'après toi, pourquoi appelle-t-on le quartier entouré en jaune le « centre-ville » ?

quartiers de la ville ?

Doc. 2 : **Le centre-ville de Grenoble.**

4. Situe ce quartier sur le Doc. 1.

5. Les bâtiments sont-ils anciens ou récents ? Décris-les.

6. Quel monument historique vois-tu au centre de la photographie ?

7. À ton avis, quelles sont les fonctions de ce quartier : résidentielle, de loisirs, administrative, commerçante, industrielle, touristique, d'affaires ?

Doc. 3 : **Le quartier de l'Île Verte, à Grenoble.**

8. Situe ce quartier sur le Doc. 1.

9. Décris les bâtiments qui le composent.

10. Compare ce quartier avec celui du Doc. 2.

11. D'après toi, quelle est la fonction principale de ce quartier ?

Doc. 4 : **Le quartier Europole, à Grenoble.**
« World Trade Center » est une expression anglaise qui signifie « Centre d'affaires international ».

12. Décris ces bâtiments. Compare-les à ceux des Doc. 2 et 3.

13. D'après la traduction de « World Trade Center », quelle est la fonction de ce quartier ?

LE QUARTIER DE BORDEAUX-LAC

Le lac de Bordeaux (Gironde).

Bordeaux-Lac est un quartier de Bordeaux qui a été construit en périphérie* de la ville dans les années 1970. En constante évolution, il conjugue aujourd'hui activités économiques et loisirs. Son lac permet aux habitants de bénéficier d'un cadre de vie agréable en harmonie avec l'environnement.

Ce quartier est aussi une force économique grâce au Parc des expositions qui propose régulièrement des événements d'ampleur internationale. C'est aussi le quartier du tourisme d'affaires : de nombreux hôtels, un golf, un casino, un palais des congrès, ainsi que des centres commerciaux sont installés à proximité.

D'après www.bordeaux-lac.com

* en périphérie : à l'extérieur de la ville.

Doc. 1

1. Pour quelles raisons les habitants du centre-ville de Bordeaux se rendent-ils à Bordeaux-Lac ?

2. Pourquoi ce nouveau quartier s'est-il installé à la périphérie de la ville ?

Doc. 2 : **Une exposition à la Maison de la chimie, à Paris.**

3. Que font tous ces gens ?

4. D'après toi, habitent-ils tous dans le quartier de la Maison de la chimie ? Pourquoi ?

dans son quartier ?

Doc. 3 : Un extrait du plan de bus de la ville de Sens (Yonne).

Yanis et Manon habitent dans le quartier du centre-ville de Sens, près de la cathédrale.
Tous les jours, ils vont à l'école de leur quartier. L'après-midi, en rentrant à la maison avec leur maman, ils s'arrêtent à la boulangerie à côté de chez eux pour acheter leur goûter.
Le mercredi matin, Manon va à la piscine du Centre nautique dans le quartier de l'Hôpital et son frère va jouer au football au Stade Alliance, dans le quartier des Champs d'Aloup, près des lycées.
Le mercredi après-midi, ils vont jouer au parc du Moulin à Tan dans le quartier du Moulin à Tan.
Le vendredi, après la classe, ils accompagnent leurs parents au Centre Commercial Ouest, de l'autre côté de la rivière, dans le quartier du Faubourg de l'Yonne.
Le samedi, toute la famille part prendre le train à la gare SNCF, dans le quartier du Faubourg de l'Yonne, pour aller passer le week-end chez les grands-parents de Yanis et Manon.

Doc. 4

5. *Observe le plan (Doc. 3) et lis le texte (Doc. 4). Montre sur le plan où habitent Yanis et Manon.*
6. *À quelles occasions les enfants changent-ils de quartier ? Dans quels quartiers vont-ils ?*
7. *Pour quels déplacements doivent-ils utiliser le bus ?*
8. *Quelle ligne de bus Manon emprunte-t-elle pour aller au Centre nautique ?*

En savoir plus sur… les quartiers

Les quartiers d'affaires

La Défense est le plus grand centre de services en France. Ce quartier, composé de nombreuses tours de bureaux, accueille les sièges sociaux de plus de 1 500 entreprises. Il est entièrement tourné vers les activités tertiaires (banque, communication…). La Défense est un carrefour important de transports en commun (trains de banlieue, métro, bus…). On trouve des quartiers d'affaires dans la plupart des grandes villes françaises : Mériadeck à Bordeaux, la Part-Dieu à Lyon...

Le quartier de la Défense (Paris).

Les jardins de l'éco-quartier Bottière-Chénaie, à Nantes (Loire Atlantique).

Un nouveau type de quartier : l'éco-quartier

De plus en plus de villes construisent de nouveaux quartiers, plus écologiques : les éco-quartiers. Les bâtiments et les rues y sont conçus pour réduire au maximum leur impact sur l'environnement et pour favoriser la qualité de vie des habitants.

Gare aux bouchons !

La voiture n'est pas toujours le meilleur moyen pour se déplacer en ville d'un quartier à l'autre. Dans les rues étroites, les automobilistes sont coincés dans les embouteillages, klaxonnent et dérangent les habitants. L'air est pollué par les gaz d'échappement des véhicules.

Un embouteillage dans le centre-ville de Melun (Seine-et-Marne).

Le covoiturage

Le covoiturage consiste à partager son véhicule avec d'autres personnes afin de réduire l'impact sur l'environnement et les coûts du transport. Ainsi, des habitants d'un même quartier de la périphérie d'une grande ville peuvent se rendre ensemble chaque matin à leur travail dans le centre-ville, et en revenir le soir.

Une affiche de promotion du covoiturage.

LEXIQUE

Activités tertiaires : activités de services : transport, banque, communication, commerce, tourisme, enseignement, santé…

Centre-ville : partie ancienne de la ville.

Citadin : personne qui habite en ville.

Quartiers périphériques : quartiers situés à l'extérieur du centre-ville.

CARNET DE ROUTE

Les quartiers de centre-ville

Dans les quartiers de **centre-ville**, les immeubles sont souvent **anciens**. On y trouve la plupart des bâtiments **historiques** (monuments). Les rues y sont parfois piétonnes. Elles sont **très fréquentées** par les habitants du quartier et par des gens de passage (des habitants d'autres quartiers de la ville ou des touristes).

Différents **bâtiments administratifs** (mairie) ou **culturels** (musées, cinémas, théâtres) s'y trouvent.

Les quartiers du centre-ville ont **plusieurs fonctions** : résidentielle, commerçante, de loisirs, culturelle, administrative…

Les quartiers périphériques

Les **quartiers périphériques** sont plus récents. Certains comportent des barres et des tours d'habitation, d'autres des pavillons. Ils possèdent souvent des espaces verts.

Leurs **fonctions** sont diverses : certains sont résidentiels (grands ensembles, lotissements), d'autres sont industriels, d'autres commerçants (grandes zones commerciales), d'autres tournés vers les **activités tertiaires** (quartiers d'affaires).

Chaque quartier a son **rythme de vie**. Plus ou moins fréquentés par les **citadins**, certains quartiers se vident le jour (les zones résidentielles) et d'autres la nuit (les zones commerciales).

Des liens forts entre les quartiers de la ville

Quand ils restent dans leur quartier, les citadins se déplacent à pied. Mais ils ont souvent besoin de se rendre dans d'autres quartiers de la ville, pour aller sur leur lieu de travail et en revenir, pour faire leurs courses, pour se distraire (cinéma, musée, etc.)… Ils peuvent alors emprunter divers **moyens de transport** : le vélo, les transports en commun (bus, tramway, métro) ou leur voiture.

Qu'est-ce

Un village compte moins de 2 000 habitants.
Il se situe dans la campagne. L'habitat, les activités
et les modes de vie y sont différents de ceux de la ville.
Mais, grâce aux transports, les liens avec la ville sont nombreux.

Doc. 1 : Le village d'Ainhoa (Pyrénées-Atlantiques).

1. Décris le village : sa forme, le type de bâtiments, leur taille...

2. Qu'y a-t-il autour du village ? Qu'en déduis-tu sur l'activité principale du village ?

3. Y a-t-il beaucoup de routes qui mènent au village ? À ton avis, pourquoi ?

4. Compare cette photographie avec celle du Doc. 1 page 12. Comment peux-tu définir un village par rapport à une ville ?

qu'un village ?

Doc. 2 : La place du village de Saint-Clar (Gers).

5. Que se passe-t-il sur cette place (Doc. 2) ?

6. À ton avis, cette place joue-t-elle un rôle important dans la vie de ce village ? Pourquoi ?

7. De quel type de commerce s'agit-il (Doc. 3) ? Que peut-on y trouver ?

8. D'où viennent la plupart des produits vendus dans ce magasin ?

9. Les habitants ont-ils besoin de ce magasin tous les jours ? Pourquoi ?

10. D'après toi, que font les villageois pour acheter des vêtements, des livres ou des DVD ?

Doc. 3 : Un petit commerce dans le village de Comps-sur-Artuby (Var).

Quels sont les liens

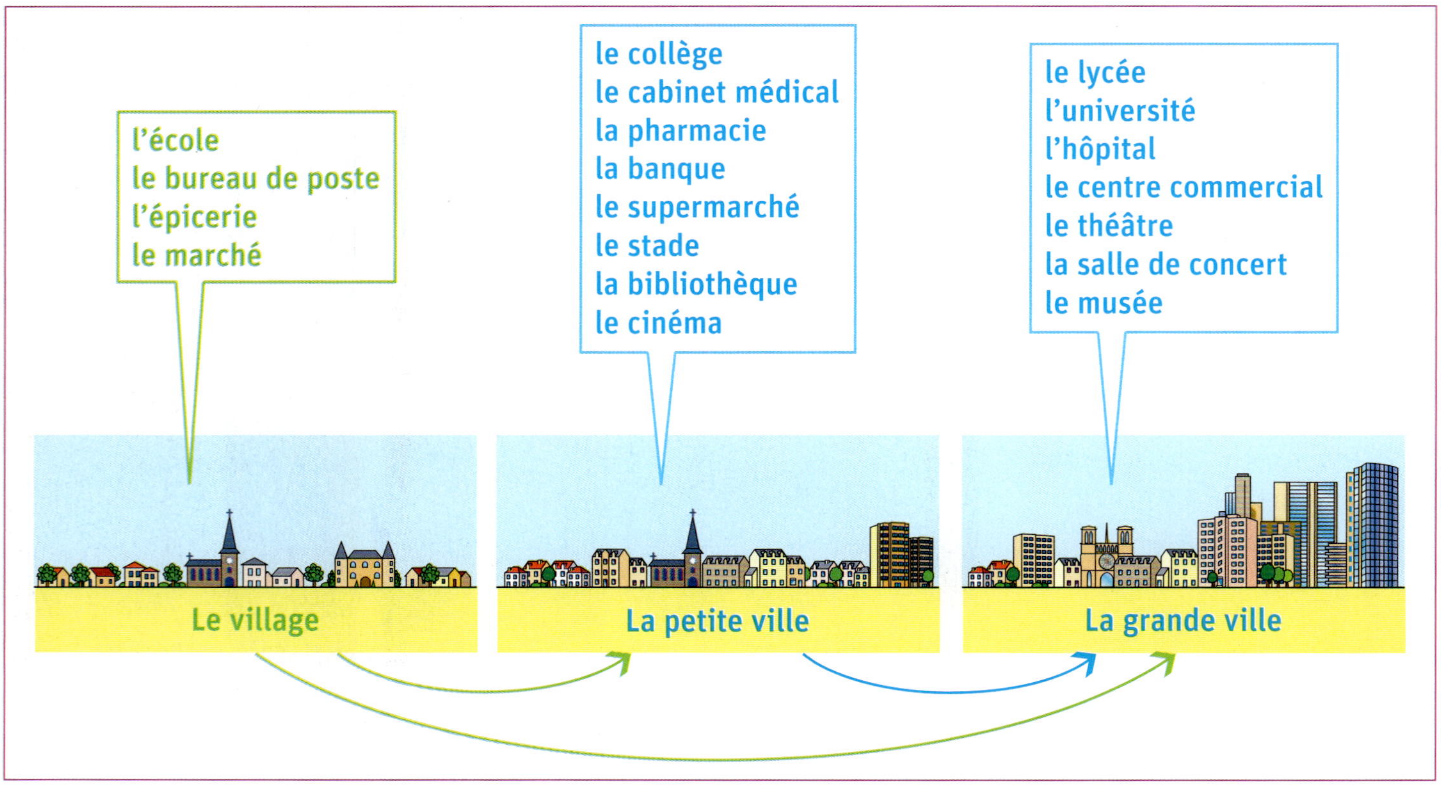

Doc. 1 : Les liens du village avec la petite ville et la grande ville.

1. Après le CM2, où les filles et les garçons du village vont-ils aller au collège ? puis au lycée ?

2. Où est l'hôpital le plus proche du village ?

3. Où les villageois doivent-ils aller pour voir un film au cinéma ? pour assister à un concert ?

4. Écris un texte expliquant les raisons pour lesquelles un habitant d'un village doit aller en ville.

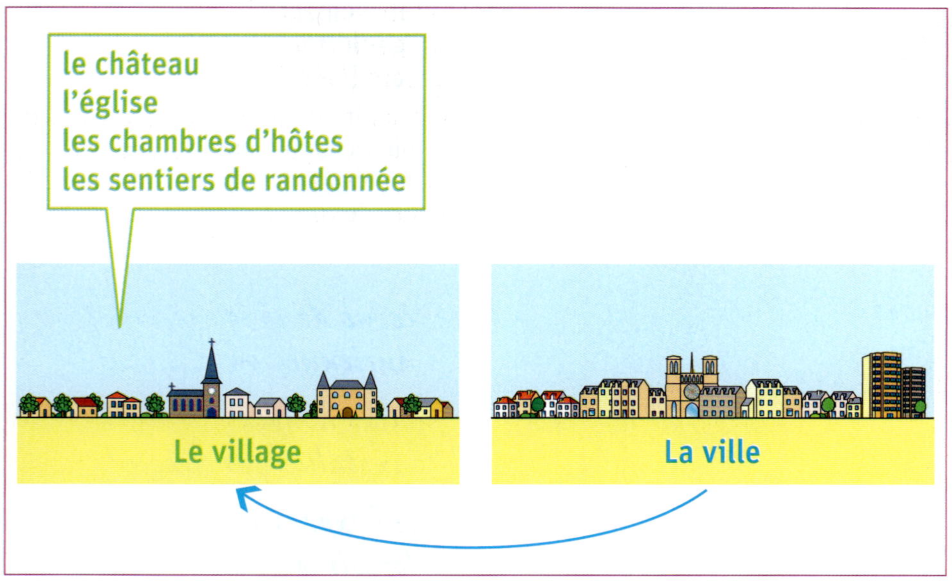

Doc. 2 : Les liens de la ville avec le village.

5. Qu'est-ce qui attire les citadins dans les villages ?

6. D'après toi, à quels moments de l'année les citadins vont-ils le plus dans les villages ?

Doc. 3 : Dans les rues du village des Baux-de-Provence (Bouches-du-Rhône).

7. Quelle est l'activité principale de ce village (Doc. 3) ? À quoi le vois-tu ?

8. À ton avis, d'où viennent les personnes présentes sur la photographie ?

LES VILLAGES : DES ÉVOLUTIONS OPPOSÉES

Les communes rurales éloignées des centres urbains dynamiques continuent à perdre [leurs habitants]. À l'opposé, les communes rurales périurbaines* [...] s'étoffent en habitants d'abord, en services de toutes sortes dans un deuxième temps.

F. Fabriès-Verfaillie et P. Stragiotti, *La France des régions*, Bréal, 2000.

* périurbaines : situées autour d'une ville.

Doc. 4

9. Les villages ont-ils tous la même évolution (Doc. 4) ? Explique ta réponse.

Doc. 5 : Un lotissement dans un village-dortoir : Lans-en-Vercors (Isère).

De nouveaux habitants sont venus s'y installer. Ils vont travailler chaque jour à Grenoble, la grande ville voisine, à environ une demi-heure de route.

10. Les maisons de ce lotissement sont-elles anciennes ou récentes ?

11. Pourquoi de nouveaux habitants se sont-ils installés dans ce village ?

12. Explique l'expression « village-dortoir ».

Un bus de ramassage scolaire

Les villages n'ont souvent qu'une école élémentaire. Les élèves des villages doivent donc prendre chaque jour le bus pour aller au collège ou au lycée dans la ville voisine.

Le bus de ramassage scolaire de Villiers-sur-Loir (Loir-et-Cher).

Fermeture d'école

Quand une classe ferme dans un petit village, c'est tout le village qui est en danger : cela peut entraîner le départ des jeunes familles, la fermeture des commerces et donc l'abandon des maisons…

Des banderoles dans le village de Bessay-sur-Allier (Allier), en avril 2011.

Les plus beaux villages de France

Créée en 1982, l'association « Les Plus Beaux Villages de France » réunit aujourd'hui 156 villages ruraux. Son but est de développer le patrimoine naturel et historique de ces villages pour attirer les touristes et maintenir des activités sur place.

Le village de Collonges-la-Rouge (Corrèze).

les villages

Un supermarché au milieu des champs

Pour permettre aux villageois de faire leurs courses facilement, il existe parfois des supermarchés en pleine campagne, au milieu des champs. Les ruraux n'ont ainsi pas besoin d'aller dans les zones commerciales de la ville la plus proche pour faire leurs achats.

Un supermarché en Normandie.

LEXIQUE

Désertification : ensemble des phénomènes qui entraînent le départ des habitants.

Lotissement : ensemble de maisons individuelles à peu près toutes identiques et regroupées.

Périurbain : situé autour d'une ville.

Rural : qui ne fait pas partie de la ville.

CARNET DE ROUTE

Qu'est-ce qu'un village ?

Un village compte **moins de 2 000 habitants**. Il est situé en milieu **rural**, entouré de champs cultivés, de forêts ou de prairies. Les maisons sont souvent **regroupées autour de la place du village**, qui est un lieu de vie et de rencontres.

Il y a **peu de commerces** dans le village, uniquement les petits commerces de la vie quotidienne : boulangerie, épicerie…

On trouve des **services publics** comme la mairie, la poste et l'école, mais ils sont peu nombreux.

Quand les commerces, la poste ou l'école ferment, le village décline et perd ses habitants : c'est la **désertification**.

Les liens entre le village et la ville

Les liens entre le village et la ville sont importants si les routes sont larges et bien entretenues et les **trajets courts et faciles** entre les deux.

Pour effectuer la plupart de leurs **achats**, pour accéder aux **services** (lycée, banque, administration, hôpital…) ou aux **loisirs** (cinéma, théâtre, salle de concert, stade…), les habitants des villages doivent se rendre dans la grande ville voisine.

Certains villages **périurbains** bien reliés à la ville par la route attirent de nouveaux habitants qui s'installent dans des **lotissements** récents. Ils continuent à aller travailler quotidiennement en ville. Ces « **villages-dortoirs** » sont donc déserts pendant la journée.

D'autres villages, souvent anciens, attirent les citadins le week-end ou pendant les vacances. Ils vivent du **tourisme** tout au long de l'année.

Je comprends l'échelle cartographique

Une carte géographique est une représentation de l'espace terrestre. Le cartographe choisit ce qu'il veut représenter : une petite portion de l'espace (un quartier), une portion d'espace de taille moyenne (un pays) ou une très grande portion d'espace (un continent, voire la planète entière). Il doit réduire les distances réelles pour faire tenir la représentation de l'espace qu'il a choisi sur une feuille de papier.
Le rapport entre la distance réelle et sa représentation est ce qu'on appelle l'« échelle cartographique ».

J'observe le plan d'un quartier

Ce plan représente un quartier de la ville de Strasbourg : le centre-ville.
Le cartographe a choisi de représenter 100 m dans la réalité par 1 cm sur le plan.
Cette échelle est indiquée sur le plan, en bas à droite.

Le centre-ville de Strasbourg (Bas-Rhin).

un cartographe

J'OBSERVE LA CARTE D'UN PAYS

Pour représenter la France, le cartographe ne peut pas utiliser la même échelle que pour le plan du quartier, sinon la carte serait immense ! Il a donc choisi une échelle plus petite : 1 cm sur la carte représente 100 km dans la réalité.

La France et ses principales agglomérations.

JE MESURE DES DISTANCES

- Sur le plan du quartier de la ville de Strasbourg, mesure la distance du palais Rohan à l'hôtel de ville en cm. Il y a 4 cm. 1 cm sur le plan représentant 100 m dans la réalité, il y a donc 400 m en ligne droite entre ces deux bâtiments.
  Fais la même chose entre les deux bureaux de poste. Avec tes camarades, trouvez quelle est la meilleure manière de parcourir ces distances : à pied ? à vélo ? en bus ? en voiture ?
- Sur la carte de France, mesure la distance entre Paris et Marseille. Il y a 7 cm. Comme 1 cm sur la carte représente 100 km dans la réalité, il y a donc 700 km en ligne droite entre Paris et Marseille. Fais la même chose entre Nantes et Dijon. Demande-toi quels moyens de transport tu peux emprunter pour parcourir ces distances.

Qu'est-ce

La commune est le territoire de la ville ou du village.
La France compte plus de 36 700 communes très diverses.
Chacune est gérée par un conseil municipal qui s'occupe
de la vie quotidienne des habitants.

Doc. 1 : L'entrée d'une commune (Marne).

1. Qu'est-ce qui te montre qu'il s'agit de l'entrée du territoire d'une commune (Doc. 1) ?

2. Quel est le nom de cette commune ?

3. D'après toi, est-ce une grande ville ou un village ? Pourquoi ?

4. Comment sera le panneau à la sortie de la commune ?

LE CONSEIL MUNICIPAL

La commune est gérée par le conseil municipal, qui siège à la mairie. L'élection des conseillers municipaux a lieu tous les six ans au suffrage universel direct : tous les habitants de la commune qui ont plus de 18 ans peuvent voter. Les conseillers municipaux élisent le maire, qu'ils choisissent parmi eux pour présider le conseil municipal. Toute personne majeure, inscrite sur les listes électorales de la commune, peut devenir conseiller municipal.

Doc. 2

5. Qui élit le conseil municipal (Doc. 2) ? Pour combien de temps ?

6. Par qui le maire est-il élu ?

7. Qui peut devenir conseiller municipal ?

Doc. 3 : L'hôtel de ville de la commune de Cosne-sur-Loire (Nièvre).
Dans les communes importantes, la mairie est appelée « hôtel de ville ».

8. Qui se réunit dans ce bâtiment (Doc. 3) ? Tu peux t'aider du Doc. 2.

9. À ton avis, pourquoi les habitants de la commune viennent-ils dans ce bâtiment ?

Commune	Nombre d'habitants
Paris (Paris)	2 220 140
Marseille (Bouches-du-Rhône)	851 420
Lyon (Rhône)	474 946
Toulouse (Haute-Garonne)	439 553
Nice (Alpes-Maritimes)	344 875
…	…
Aulan (Drôme)	4
Leménil-Mitry (Meurthe-et-Moselle)	3
Ornes (Meuse)	2
Majastres (Alpes-de-Haute-Provence)	2
Rochefourchat (Drôme)	1

Commune	Superficie
Arles (Bouches-du-Rhône)	758,93 km^2
Les Saintes-Maries-de-la-Mer (Bouches-du-Rhône)	374,45 km^2
…	…
Vaudherland (Val-d'Oise)	0,09 km^2
Plessix-Balisson (Côtes-d'Armor)	0,08 km^2
Castelmoron-d'Albert (Gironde)	0,0376 km^2

Doc. 4 : La diversité des communes.

10. Toutes les communes sont-elles semblables (Doc. 4) ? Pourquoi ?

11. Quelle est la commune de France la plus peuplée ? la moins peuplée ?

12. Quelle commune est la plus étendue ? Laquelle a la plus petite superficie ?

Quelles sont les missions de la

Le maire et le conseil municipal s'occupent de :

l'état civil :
– naissances,
– mariages,
– décès,
– livret de famille…

l'entretien des voies et des bâtiments publics :
– rues, routes,
– terrains communaux,
– forêts…

l'aménagement du territoire communal :
– permis de construire,
– plan d'occupation des sols…

l'école primaire :
– bâtiments,
– fournitures,
– restauration…

l'eau :
– distribution,
– traitement,
– évacuation…

les déchets :
– ramassage,
– recyclage…

les élections :
– listes électorales,
– organisation des élections…

l'ordre public :
– police municipale…

Doc. 1 : Les missions de la commune.

1. De quoi le maire et le conseil municipal s'occupent-ils (Doc. 1) ?

2. Quel est leur rôle concernant l'école primaire ?

3. Quels services communaux rendent la vie agréable aux habitants ?

L'ÉTAT CIVIL

Le service de l'état civil de la commune établit les actes de naissance, de mariage et de décès qui ont lieu dans la commune. Il délivre le livret de famille lors du mariage ou à la naissance du premier enfant. Ce livret contient les informations concernant la famille : naissances, divorce…

Doc. 2

4. Quels actes sont établis par le service de l'état civil de la commune (Doc. 2) ?

5. À quel moment de la vie le livret de famille est-il délivré ?

Un livret de famille.

commune auprès de ses habitants ?

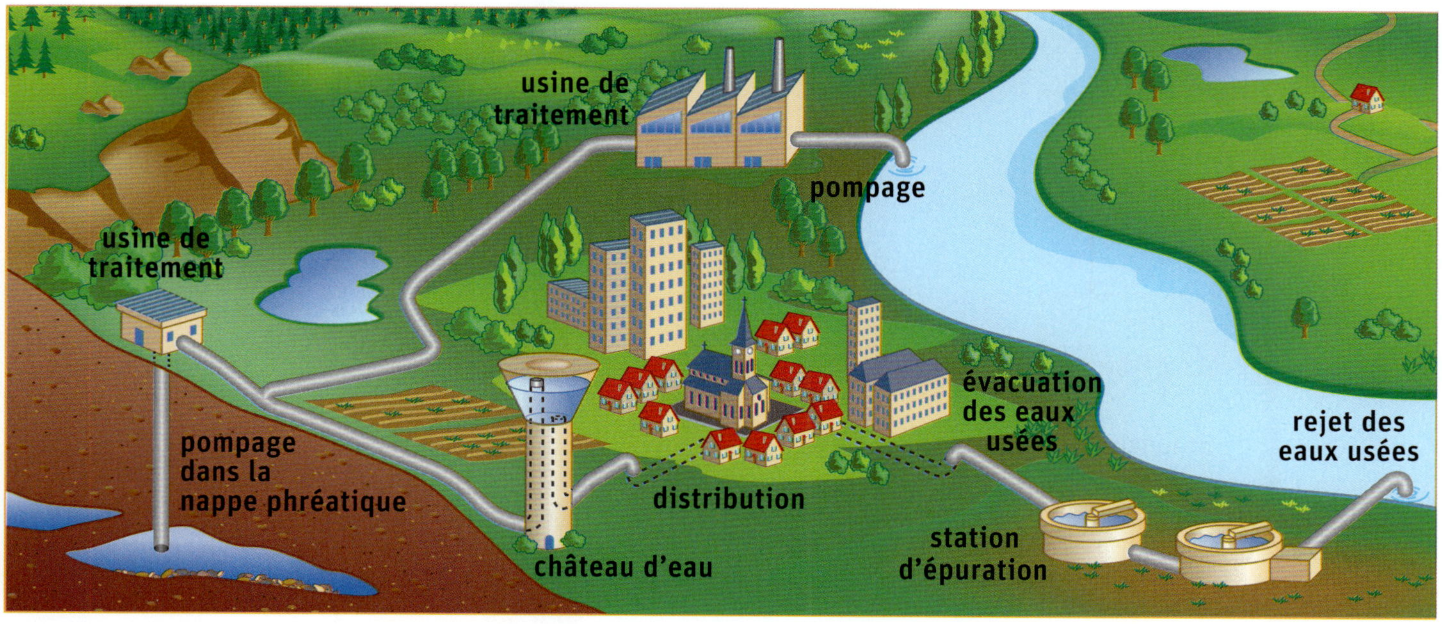

Doc. 3 : Une mission de la commune : gérer l'eau.

6. Quels aménagements la commune a-t-elle réalisés pour fournir de l'eau aux habitants ?
7. Décris le trajet de l'eau dans la commune.

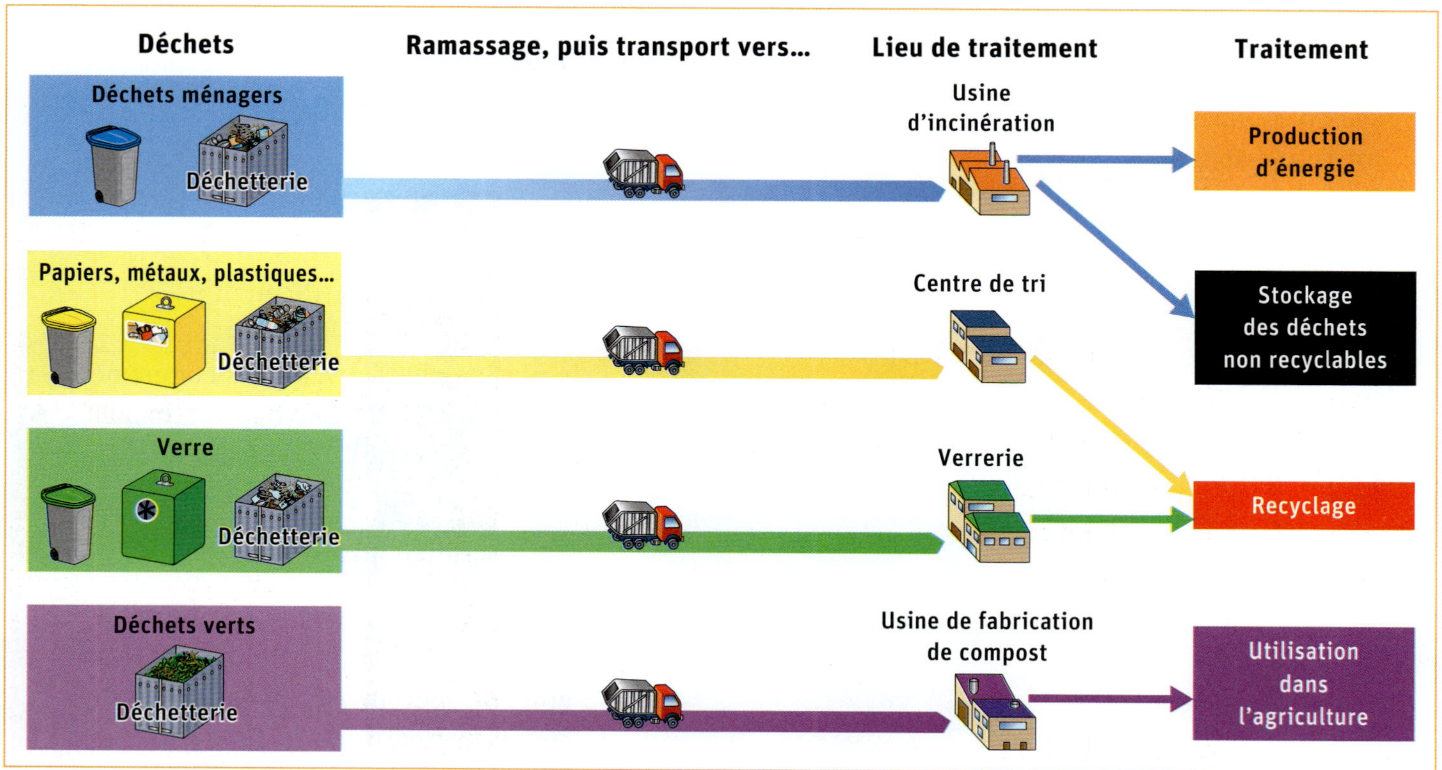

Doc. 4 : Une mission de la commune : gérer les déchets.

8. Quels déchets sont ramassés par les éboueurs de la commune auprès des habitants ?
9. Que fait la commune des déchets recyclables ?

Les 9 arrondissements de Lyon (Rhône).

Les arrondissements

Les communes de Paris, Lyon et Marseille ont une particularité : elles sont aussi divisées en arrondissements.
Chaque arrondissement possède sa propre mairie et son propre conseil municipal.
Paris compte 20 arrondissements, Marseille en a 16 et Lyon 9.

Le Centre communal d'action sociale (CCAS)

Le Centre communal d'action sociale aide les habitants de la commune les plus démunis : les personnes âgées, handicapées ou malades, les enfants ou les jeunes en difficulté… Il peut distribuer des repas aux personnes âgées, fournir de la nourriture aux sans-abri, aider les personnes sans ressources à payer leur loyer…

Le logo du Centre communal d'action sociale d'Auxonne (Côte-d'Or).

Les communautés de communes

De plus en plus souvent, des communes proches les unes des autres se regroupent pour coopérer dans les domaines de l'eau, des déchets, des transports… Certaines communes élaborent ensemble des projets de développement économique ou d'aménagement du territoire. Ainsi, le Syndicat intercommunal d'aménagement du golfe du Morbihan travaille aujourd'hui au projet d'un parc naturel régional pour la préservation et la valorisation du patrimoine naturel et culturel.

Le golfe du Morbihan.

les communes

L'école primaire

La commune est en charge des écoles primaires publiques. Elle est propriétaire des locaux et en assure la construction, la reconstruction, l'extension, les grosses réparations, l'équipement et le fonctionnement. Elle s'occupe aussi de la répartition des élèves entre les écoles.

Le maire de Chambourcy (Yvelines) inaugure une nouvelle école en 2006.

LEXIQUE

Collectivité territoriale : division administrative de la France.

Communauté de communes : regroupement de communes pour gérer ensemble l'eau, les déchets, les transports…

Commune : unité de base du découpage administratif de la France.

Conseil municipal : assemblée élue au suffrage universel par les habitants de la commune, qui gère la commune.

Maire : élu par le conseil municipal, il dirige la commune.

CARNET DE ROUTE

Les communes en France

La France compte plus de 36 700 **communes**. Les communes françaises sont **très diverses**. Elles sont plus ou moins étendues (de moins de 1 km^2 à plus de 700 km^2), plus ou moins peuplées (de 1 habitant à plus de 2 millions) et plus ou moins riches.

Le conseil municipal

La commune est une **collectivité territoriale** dirigée par un **conseil municipal**, dont les membres sont **élus au suffrage universel** direct par les habitants de la commune **pour 6 ans**.

Le conseil municipal siège **à la mairie** et il est **chargé de gérer les affaires de la commune**. Il est présidé par le **maire**, qui est élu par les conseillers municipaux. Le maire célèbre les mariages et exécute les décisions du conseil municipal.

Les missions des communes

Les communes ont plusieurs missions :
- **l'état civil** (naissances, mariages, décès, livret de famille…) ;
- **l'entretien des voies et des bâtiments publics** (routes, terrains communaux, forêts…) ;
- **l'aménagement du territoire communal** (permis de construire, plan d'occupation des sols…) ;
- **l'école primaire** (bâtiments, fournitures, restauration…) ;
- **l'eau** (distribution, traitement, évacuation…) ;
- **les déchets** (ramassage, recyclage…) ;
- **les élections** (listes électorales, organisation des élections…) ;
- **l'ordre public** (police municipale…), etc.

Les communes se regroupent parfois en **communautés de communes** pour coopérer dans différents domaines.

Comment le territoire

La France est découpée en communes qui sont regroupées en départements, eux-mêmes regroupés en régions. L'ensemble du territoire français est organisé par les villes reliées entre elles par les voies de communication.

Doc. 1 : Un panneau annonçant des travaux en Vendée.

1. Dans quelle commune ces travaux ont-ils lieu ?

2. Dans quel département cette commune se situe-t-elle ? Dans quelle région ? Situe cette région sur la carte de la page 63.

3. Qui finance ces travaux ?

4. Et toi, dans quelle commune habites-tu ? Dans quel département ? Dans quelle région ? Tu peux t'aider de la carte page 63.

Doc. 2 : La commune de Noirmoutier-en-l'Île dans son département et sa région.

5. Pourquoi peut-on dire que les 3 territoires représentés sur le Doc. 2 sont « emboîtés » ?

6. Fais le même type de carte pour ta commune, ton département et ta région. Tu peux t'aider de la carte page 63.

français est-il découpé ?

COMMUNE	**Représentants élus**	**Rôles principaux**
	Le maire et les conseillers municipaux élus pour 6 ans au suffrage universel.	S'occuper de l'état civil ; gérer l'eau et les déchets ; entretenir les voies et les bâtiments publics ; financer les écoles primaires.
DÉPARTEMENT	**Représentants élus**	**Rôles principaux**
	Le président du conseil général et les conseillers généraux élus pour 6 ans au suffrage universel.	Gérer l'aide sociale ; s'occuper de l'aménagement rural ; financer les collèges.
	Représentant de l'État	**Rôles principaux**
	Le préfet nommé par le président de la République.	Représenter l'État dans le département ; contrôler les collectivités territoriales ; maintenir l'ordre public.
RÉGION	**Représentants élus**	**Rôles principaux**
	Le président du conseil régional et les conseillers régionaux élus pour 6 ans au suffrage universel.	Gérer le développement économique, social et culturel ; s'occuper de l'aménagement du territoire régional ; financer les lycées.
	Représentant de l'État	**Rôles principaux**
	Le préfet de région, qui est le préfet du département où se trouve le chef-lieu de la région.	Représenter l'État dans la région ; contrôler le conseil régional ; coordonner les grands projets et les politiques d'aménagement du territoire et de développement économique et social.

Doc. 3 : Les rôles des collectivités territoriales et des préfets.

7. Comment s'appellent les représentants élus des communes ? des départements ? des régions ?

8. Comment et pour combien de temps sont-ils élus ?

9. Quels sont les rôles principaux des conseillers généraux ? des conseillers régionaux ?

10. Qui sont les représentants de l'État dans les départements ? dans les régions ?

LES DROM

En plus des 22 régions de la Métropole, la France compte 5 régions situées en Outre-mer. Il s'agit de 4 îles : la Réunion, Mayotte, la Martinique et la Guadeloupe, et de 1 territoire : la Guyane. Ces 5 régions sont aussi des départements. On les appelle des DROM : départements et régions d'Outre-mer. En 2011, Mayotte est devenue le 101e département français.

L'île de Mayotte et son aéroport.

Doc. 4

11. Quels sont les 5 DROM (départements et régions d'Outre-mer) ?

12. Combien la France compte-t-elle de régions en tout ? de départements ?

Quels rôles les grandes villes

LES VILLES, POINTS FORTS DU TERRITOIRE

Les agglomérations et les zones périurbaines constituent désormais le lieu de résidence de 89 % de la population et le lieu de travail de 93 % des [personnes] ayant un emploi dans la France métropolitaine. [95 % de la richesse nationale y sont produits.] Les villes jouent donc un rôle absolument essentiel dans l'économie du pays. Elles en jouent un aussi dans l'organisation de l'espace. [Les villes] ne sont pas isolées. Elles se complètent. Elles se concurrencent. Elles sont liées entre elles. Toutes ensemble, elles constituent le [réseau] urbain de la France.

D'après D. Noin, *Le Nouvel Espace français*, © Armand Colin, 2005.

Doc. 1

1. Quel pourcentage de la population française habite en ville ou autour des villes (Doc. 1) ?
2. Dans quoi les villes jouent-elles un rôle essentiel ?
3. À ton avis, par quoi les villes sont-elles liées entre elles ?

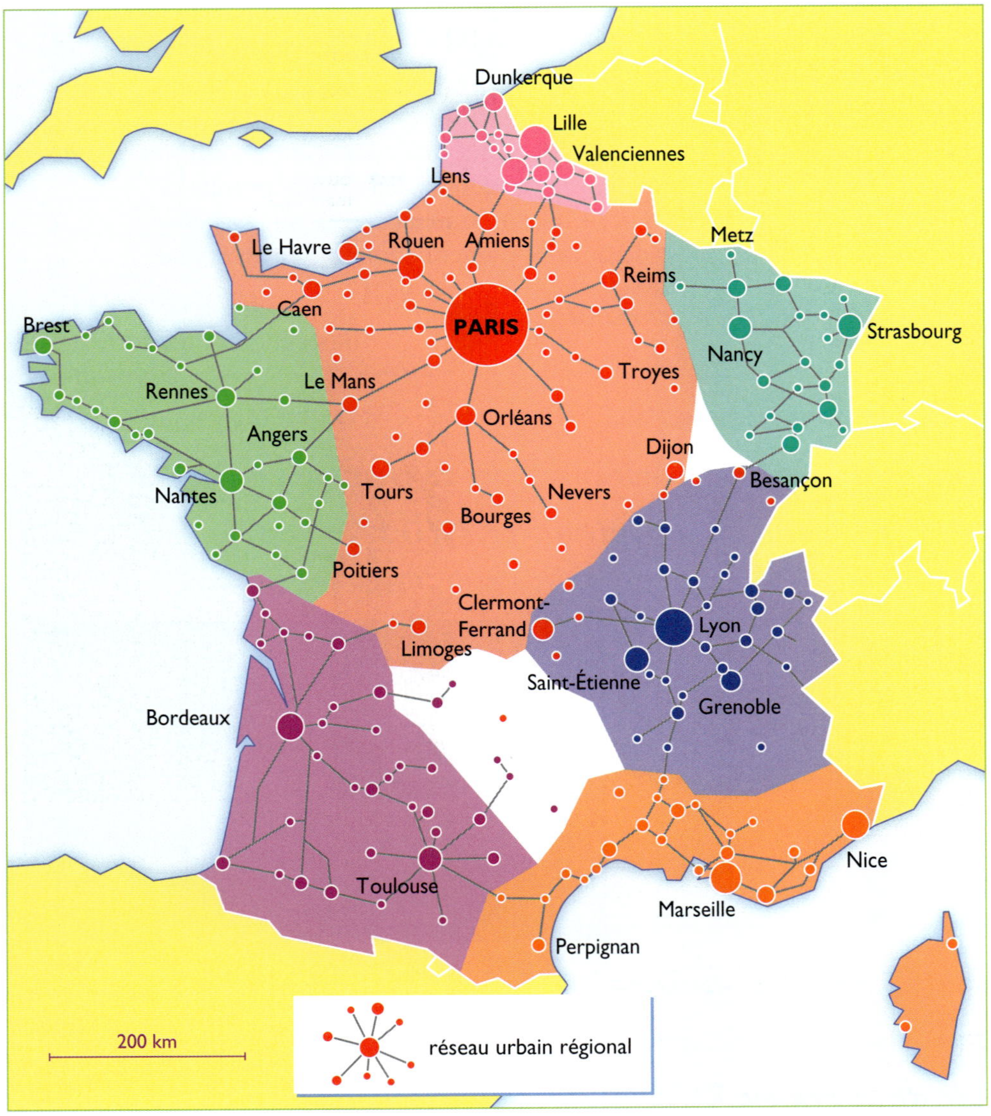

Doc. 2 : Les zones d'influence des villes françaises.

4. En quelle couleur la zone d'influence de Lyon est-elle représentée (Doc. 2) ?
5. Jusqu'où la zone d'influence de Paris s'étend-elle ?
6. Repère la ville la plus proche de chez toi. Dans quelle zone d'influence se trouve-t-elle ?

Doc. 3 :
Le réseau urbain national.

7. Combien l'agglomération de Paris compte-t-elle d'habitants (Doc. 3) ?

8. Quelles sont les 3 plus grandes agglomérations françaises après Paris ?

9. Par quelles agglomérations l'axe de communication majeur du territoire français passe-t-il ?

10. Par quelle agglomération la plupart des axes de communication importants passent-ils ?

LE MARCHÉ D'INTÉRÊT NATIONAL DE RUNGIS

Le Marché d'intérêt national (MIN) de Rungis est un marché de gros*, où les professionnels viennent s'approvisionner en produits frais : viande, poisson, fruits et légumes, produits laitiers… Ces produits seront ensuite vendus sur les marchés, dans les supermarchés… Situé à 7 km de Paris et relié aux grands axes routiers et au chemin de fer, le MIN de Rungis possède une situation privilégiée en France. Il dessert 18 millions de consommateurs, dont 12 millions dans un rayon de 150 km autour de Paris. C'est le plus grand centre européen de redistribution de produits frais et sa dimension est internationale.

Vue aérienne du MIN de Rungis (Val-de-Marne).

* gros : vente en grandes quantités aux professionnels (commerçants, grandes surfaces…).

Doc. 4

11. Qu'est-ce que le Marché d'intérêt national de Rungis (Doc. 4) ?

12. Qui vient s'y approvisionner ?

13. Comment est-il relié au reste de la France ?

Les autoroutes ferroviaires

Pour éviter la saturation des grandes autoroutes et pour faciliter les livraisons de marchandises d'un bout à l'autre de la France, deux lignes de ferroutage ont été construites : l'une de 175 km à travers les Alpes jusqu'en Italie, l'autre de 1 000 km de Perpignan au Luxembourg. Ces « autoroutes ferroviaires » permettent de transporter les camions et leur chargement sur des wagons spéciaux.

L'autoroute ferroviaire alpine.

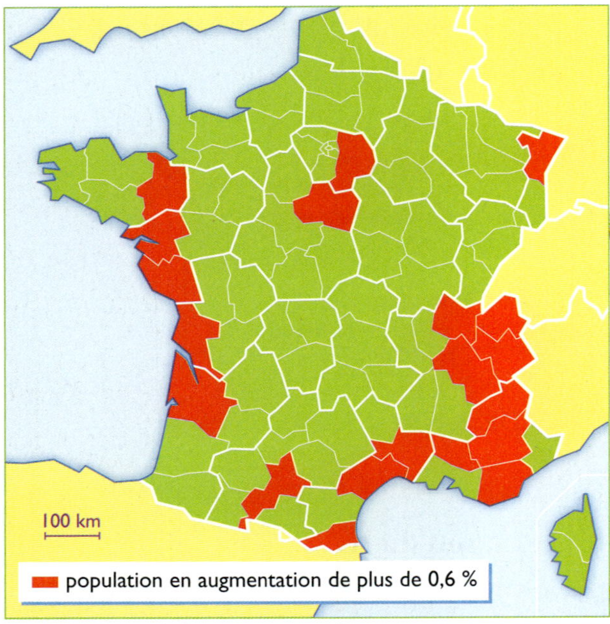

Les départements français attractifs.

Une population en mouvement

Tandis que les départements du Nord et de l'Est perdent des habitants, ceux de l'Ouest et du Sud attirent beaucoup de Français, venus chercher du travail dans des régions dynamiques. Ces mouvements de population transforment le territoire français : les agglomérations s'agrandissent, les voies de communication se développent…

La gare de Valence TGV (Drôme).

Le TGV

La France a un réseau très développé de lignes à grande vitesse (LGV) conçues pour la circulation des trains à grande vitesse (TGV). Les TGV desservent plus de 200 villes en France. La première ligne a relié Paris à Lyon en 1981. De nouvelles gares ont dû être construites en périphérie des villes, comme Valence TGV, Avignon TGV, Aix-en-Provence TGV ou la gare de TGV Haute-Picardie pour répondre aux contraintes techniques de ces nouvelles lignes.

Un village de grande envergure

Vallon-Pont-d'Arc (Ardèche), village d'environ 2 000 habitants, voit sa population multipliée par 10 l'été. Des touristes viennent de la France entière visiter les gorges de l'Ardèche et la grotte préhistorique Chauvet. La commune a développé de nombreux équipements (hôtels, parkings, commerces) pour accueillir ces vacanciers.

Des vacanciers dans les gorges de l'Ardèche.

LEXIQUE

Agglomération : ensemble constitué par une ville et sa banlieue.

DROM : départements et régions d'Outre-mer (Guadeloupe, Guyane, Martinique, Mayotte, Réunion).

Préfet : représentant de l'État dans les départements et les régions.

Réseau urbain : ensemble des villes et des voies de communication qui les relient entre elles.

CARNET DE ROUTE

Le découpage du territoire français

Le territoire français est découpé en une série de **territoires emboîtés** : les communes, les départements et les régions.

La France compte **plus de 36 700 communes**, administrées par le **conseil municipal** et le maire. Elles sont responsables de l'état civil, de l'eau et des déchets, des voies et bâtiments publics, de l'école primaire…

Les **101 départements** (dont **5 DROM**) sont dirigés par le **conseil général** et son président. Ils s'occupent de l'aide sociale, de l'aménagement rural, des collèges…

Les **27 régions** (dont **5 DROM**) sont gérées par le **conseil régional** et son président. Elles sont en charge du développement économique, social et culturel, de l'aménagement du territoire régional, des lycées…

Dans les départements et les régions, l'État est représenté par le **préfet**, qui contrôle les collectivités territoriales.

L'organisation du territoire

La France a un **réseau urbain** très hiérarchisé, des petites villes aux grandes villes en passant par les villes moyennes. Ce réseau est **dominé par une très grande ville, Paris**, la capitale. Son **agglomération** compte 10 millions d'habitants et sa zone d'influence s'étend sur un tiers du territoire français.

Les grandes villes sont reliées entre elles par de grands axes de communication. C'est grâce aux **routes**, aux **autoroutes** et aux **voies ferrées** que les personnes et les marchandises peuvent circuler. Le réseau de transports est lui aussi **dominé par Paris**, d'où partent les axes majeurs de communication.

Quelle place la France

La France est située à l'ouest du continent européen.
Elle est le seul pays d'Europe ouvert à la fois
sur la Méditerranée, l'océan Atlantique et la mer du Nord.
Elle est un passage obligé entre l'Europe du Nord et l'Europe du Sud.

Doc. 1 : Les pays d'Europe.

1. Dans quelle partie de l'Europe la France se situe-t-elle ?

2. Nomme les pays qui possèdent une frontière commune avec la France.

3. Quelles mers et quels océans le territoire français met-il en relation ?

4. Entre quelles parties de l'Europe la France est-elle un passage obligé ?

occupe-t-elle en Europe ?

Population (en millions d'habitants)		Superficie (en milliers de km²)		Densité (en habitants par km²)	
Russie	143,0	Russie	17 098	Malte	1 318
Allemagne	82,3	Ukraine	604	Pays-Bas	400
France métropolitaine	62,8	France métropolitaine	552	Belgique	351
Royaume-Uni	62,0	Espagne	506	Royaume-Uni	255
Italie	60,6	Suède	450	Allemagne	231
Espagne	46,1	Norvège	385	Italie	201
Ukraine	45,4	Allemagne	357	Luxembourg	196
Pologne	38,3	Finlande	338	Suisse	186
Roumanie	21,5	Pologne	313	République tchèque	133
Pays-Bas	16,6	Italie	301	Danemark	129
Grèce	11,4	Royaume-Uni	243	Pologne	118
Belgique	10,7	Roumanie	238	Portugal	116
Portugal	10,7	Biélorussie	208	France métropolitaine	114

Source : ONU (*World population prospect : the 2010 revision*) sur insee.fr.

Doc. 2 : Les pays européens les plus peuplés, les plus vastes et les plus densément peuplés.

5. Quel est le pays européen le plus peuplé (Doc. 2) ? le plus vaste ? le plus densément peuplé ?

6. À quel rang la France se situe-t-elle par sa population ? par sa superficie ? par sa densité ?

7. Compare la population, la superficie et la densité de la France à celles de l'Allemagne, du Royaume-Uni, puis de l'Italie.

L'UNION EUROPÉENNE

En 1957, 6 pays européens, dont la France, signent le traité de Rome qui donne naissance à la Communauté économique européenne. Celle-ci devient ensuite l'Union européenne et s'élargit progressivement. Aujourd'hui, elle compte 27 États et constitue un espace d'échanges où circulent librement les personnes (espace Schengen*), les marchandises et les capitaux. Depuis 2002, l'Union européenne possède une monnaie unique, l'euro, qui est utilisée dans 17 pays (zone euro).

* espace Schengen : ensemble de pays signataires de la convention de Schengen (1990) permettant la libre circulation des personnes d'un pays à l'autre.

Les pays de l'Union européenne et de la zone euro.

Doc. 3

8. Combien d'États membres l'Union européenne compte-t-elle (Doc. 3) ?

9. Tous les États membres utilisent-ils l'euro ?

Comment la France s'intègre-t-elle

Doc. 1 : Le réseau autoroutier et les routes maritimes et fluviales en France et en Europe.

1. Les axes autoroutiers européens majeurs passent-ils par des agglomérations françaises ? Lesquelles ?

2. Pourquoi peut-on dire que Paris est un « carrefour de communications » en Europe ?

3. Par où l'axe maritime européen majeur passe-t-il ?

4. Montre l'axe fluvial européen majeur. Recherche le nom de ce fleuve.

Doc. 2 :
Les vols au départ de l'aéroport de Toulouse (Haute-Garonne).

5. Vers quelles villes françaises les avions qui décollent de Toulouse se dirigent-ils (Doc. 2) ?

6. Quelles villes étrangères sont également desservies ?

7. Sur quel continent toutes ces villes se trouvent-elles ?

Doc. 3 :
Les lignes ferroviaires à grande vitesse (LGV) en Europe.

8. Avec quels pays la France est-elle en relation grâce aux LGV (Doc. 3) ?

9. Cite des villes françaises desservies par le TGV.

10. En quoi la France occupe-t-elle une situation de carrefour en Europe grâce aux LGV ?

Les paysages européens

La France est un morceau d'Europe par ses climats et par ses reliefs. Ainsi, de chaque côté des frontières, les paysages se ressemblent.

Un paysage normand (France) et un paysage anglais (Royaume-Uni).

Le Parlement européen, à Strasbourg (Bas-Rhin).

Strasbourg, capitale européenne

Strasbourg est l'une des deux capitales de l'Union européenne avec Bruxelles. Elle abrite le Conseil de l'Europe, le Parlement européen et la Cour européenne des droits de l'homme. Située sur la frontière franco-allemande, la ville a développé des liens forts avec sa voisine allemande, Kehl. Chaque jour, environ 4 000 Français vont travailler de l'autre côté du Rhin, en Allemagne.

Deux TGV transfrontaliers

Le Thalys et l'Eurostar renforcent l'importance de la France en Europe. Au départ de Paris, les trains Thalys desservent la Belgique (Bruxelles, Anvers, Liège), les Pays-Bas (Amsterdam, Rotterdam) et l'Allemagne (Cologne). Grâce à l'Eurostar et au tunnel sous la Manche, Paris n'est qu'à 2 h 15 de Londres. Ces liaisons transfrontalières constituent un atout pour le développement économique des régions françaises desservies.

L'Eurostar et le Thalys, à la gare du Nord (Paris).

Le Rhin, un fleuve européen

Le Rhin est l'une des voies navigables les plus fréquentées du monde car il permet de gagner la mer du Nord et le port de Rotterdam, mais aussi la mer Noire grâce au canal Main-Danube en Allemagne. Aujourd'hui, le Rhin est un axe majeur en Europe. 30 000 bateaux circulent chaque année et transportent 324 millions de tonnes de marchandises.

Un bateau transportant des conteneurs sur le Rhin, à la frontière franco-allemande (Haut-Rhin).

LEXIQUE

Capitaux : biens possédés par une personne ou une entreprise et qui rapportent un revenu.

Densité de population : nombre d'habitants vivant dans un espace carré de 1 km de côté.

Métropole : très grande agglomération.

Route maritime : trajet suivi par les bateaux sur les mers ou les océans.

CARNET DE ROUTE

La France sur le continent européen

La France se situe à l'extrémité de l'Europe occidentale. Elle possède des **frontières communes avec l'Espagne, l'Italie, la Suisse, l'Allemagne, le Luxembourg et la Belgique**. Elle est **reliée au Royaume-Uni** par le tunnel sous la Manche. Elle possède une **large ouverture maritime** sur trois mers et un océan.

La France est le 3e pays le plus peuplé d'Europe, mais aussi le 3e pays le plus vaste. Sa **densité de population** est plus faible que celle de ses voisins.

La France dans l'Union européenne

La France est l'un des 6 pays à l'origine de la création de l'**Union européenne** (UE). Cette union, qui compte aujourd'hui **27 États**, est un **espace d'échanges** où circulent librement les personnes (espace Schengen), les marchandises et les **capitaux**. Depuis 2002, l'**euro** est la monnaie de l'Union européenne, utilisée par 17 États membres (zone euro). **Strasbourg** est l'une des deux **capitales européennes** avec Bruxelles.

L'intégration de la France aux axes européens

La France occupe une position de **carrefour en Europe**. Elle est traversée par **deux axes de communication majeurs** :
– l'axe Nord-Sud entre les pays nordiques et la Méditerranée ;
– l'axe Est-Ouest entre l'Espagne et la Grèce.

Ces axes majeurs passent par les **métropoles** françaises (Paris, Lille, Lyon et Marseille) et concentrent tous les types de transports.

Le Rhin est l'une des principales **voies fluviales** européennes. La **route maritime** la plus fréquentée du monde passe par la Manche.

Je comprends l'échelle géographique

Un géographe peut analyser un même espace à différents niveaux ou « échelles géographiques » :
- à l'échelle locale, il peut regarder de quelle manière l'espace est organisé (les rues de la ville, les bâtiments, les quartiers) ;
- à l'échelle nationale, c'est-à-dire à l'échelle du pays, il peut observer comment cet espace est relié aux axes de communication et aux villes voisines ;
- à l'échelle internationale, c'est-à-dire à l'échelle d'un continent, voire du monde, il peut remarquer s'il joue un rôle auprès des pays voisins, voire au-delà.

Je décris le port de Dunkerque à l'échelle locale

Pour décrire le port de Dunkerque à l'échelle locale, tu peux étudier comment l'espace est organisé sur une carte du port.

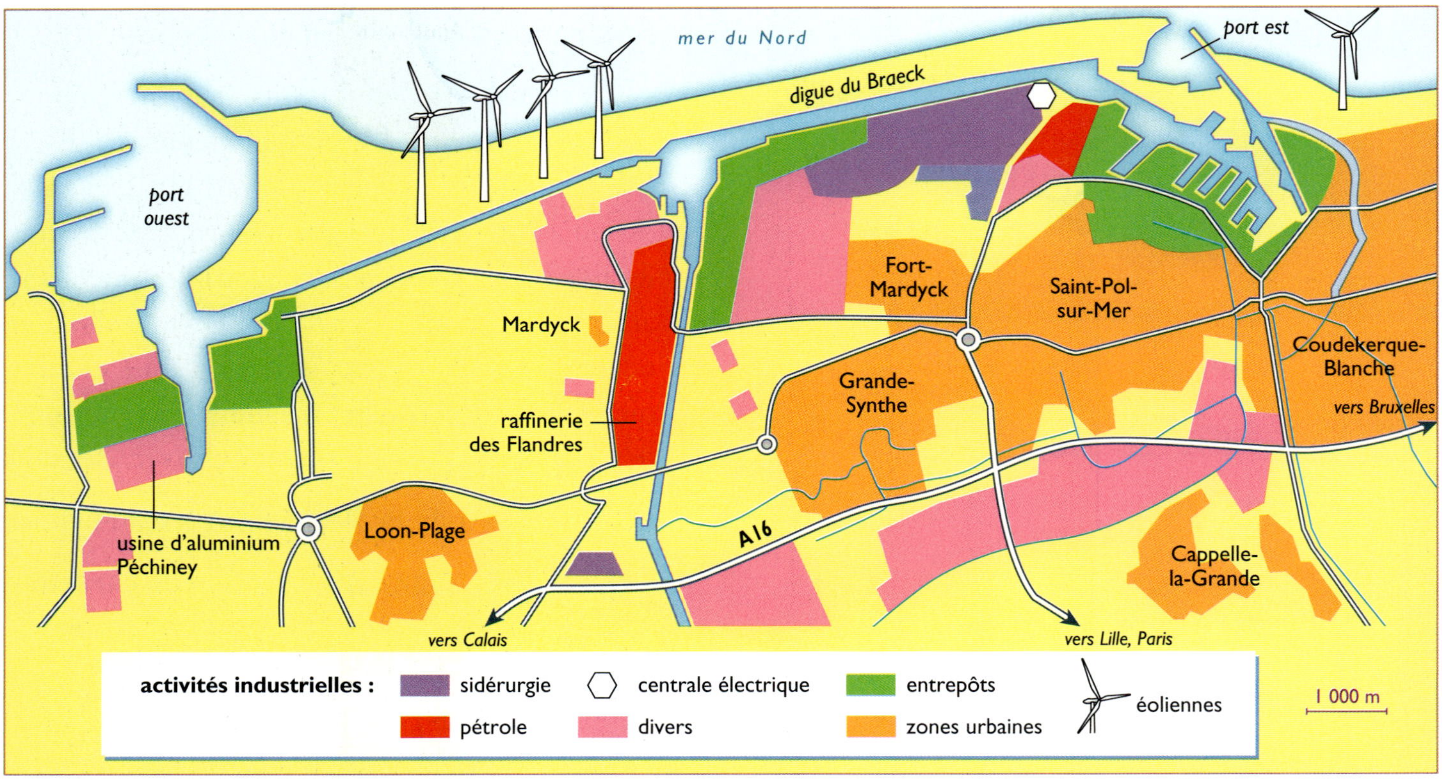

- Observe la situation du port de Dunkerque. Il est situé au bord de la mer du Nord.
- Mesure la longueur de la digue du Braeck en t'aidant de l'échelle cartographique et repère les deux entrées maritimes : plus de 13 km entre le port ouest et le port est.
- Note les différentes activités du port : des installations sidérurgiques, une usine d'aluminium, une raffinerie de pétrole, un parc d'éoliennes, une centrale électrique et des entrepôts.
- Caractérise la zone industrialo-portuaire de Dunkerque : à la fois un port pour l'arrivée des marchandises et une zone industrielle. C'est un grand centre sidérurgique et une plate-forme énergétique.

un géographe

J'analyse le port de Dunkerque à l'échelle nationale

Pour analyser le port de Dunkerque à l'échelle nationale, tu dois observer une carte montrant les liens entre cet espace et le reste du pays.

- Observe la carte du Nord de la France et des pays voisins. Cite les villes françaises que tu vois : Le Havre, Rouen, Paris, Nancy, Strasbourg et Lille.
- Note quelle métropole française proche est reliée à Dunkerque : Lille.
- Observe comment Dunkerque est relié au reste de la France à partir de Lille. Le TGV et l'autoroute vont de Lille à Paris, puis vers les autres villes françaises à partir de Paris.
- À partir des deux cartes, tu peux reconstituer le trajet du pétrole de la mer du Nord jusqu'aux stations-service. Le pétrole puisé en mer du Nord arrive par bateau au port de Dunkerque. Il est traité dans la raffinerie de pétrole des Flandres avant d'être transporté grâce à un oléoduc jusqu'à plusieurs terminaux de livraison. Il est ensuite distribué aux stations-service.

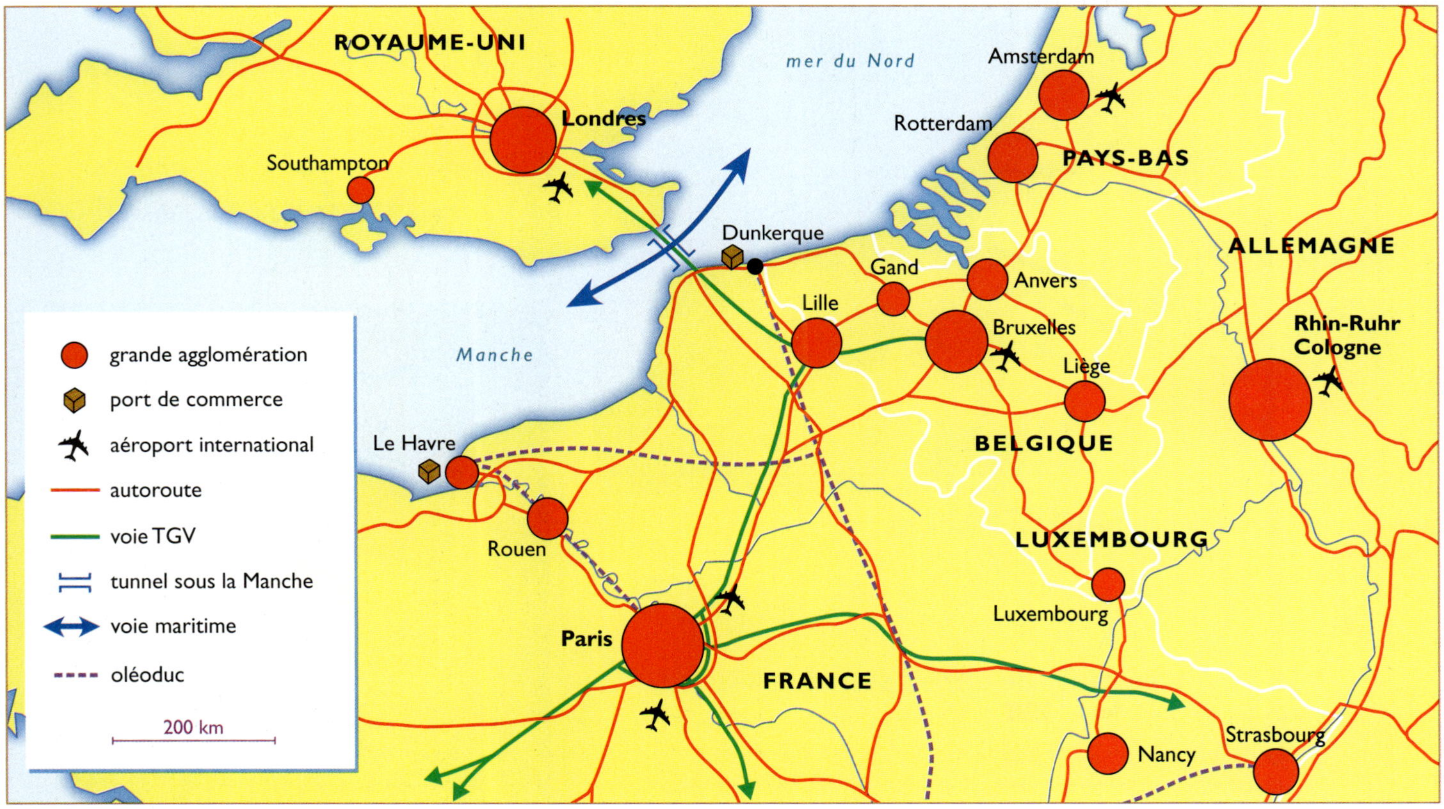

J'analyse le port de Dunkerque à l'échelle européenne

Pour analyser le port de Dunkerque à l'échelle européenne, tu dois suivre plusieurs étapes.

- Observe la carte ci-dessus et cite les pays voisins de la France qui sont représentés.
- Indique quelles grandes villes européennes sont reliées à Dunkerque et précise par quels moyens de transport.
- Repère la grande voie maritime qui passe par le port de Dunkerque.

Comment s'organise la vie

La France d'Outre-mer comprend les départements et régions d'Outre-mer (DROM) et les collectivités d'Outre-mer (COM). Des liens très forts existent entre les territoires ultramarins et la France métropolitaine.

Doc. 1 : Un marché à Saint-Paul (la Réunion).

1. Situe la Réunion sur le planisphère au début du livre.

2. Quels fruits reconnais-tu sur la photographie (Doc. 1) ?

3. À ton avis, par qui ces fruits ont-ils été produits ?

4. D'après toi, qui vient acheter sa nourriture sur ce marché ?

Doc. 2 : Une plantation de canne à sucre à la Réunion.
La canne à sucre occupe plus de la moitié de la surface agricole de la Réunion. Le sucre produit est exporté en Métropole, qui est le premier partenaire commercial de la Réunion.

5. Quelle plante est cultivée sur le Doc. 2 ?

6. D'après les cartes à la fin du livre, dans quel autre DROM cultive-t-on cette plante ?

7. Quel produit tire-t-on de cette culture ?

8. Où ce produit va-t-il être envoyé pour être consommé ?

locale en Outre-mer ?

SAINT-DENIS DE LA RÉUNION

Avec plus de 140 000 habitants, Saint-Denis est la ville la plus importante de la Réunion. On y trouve la préfecture, le conseil général et le conseil régional. C'est un centre d'affaires et le lieu d'arrivée des avions atterrissant à l'aéroport international Roland-Garros. La ville, qui comprend de nombreuses vieilles cases créoles*, est très fréquentée par les touristes.

* créole : propre aux personnes dont les ancêtres sont européens et qui sont nées aux Antilles, en Guyane ou à la Réunion.

La ville de Saint-Denis (la Réunion).

Doc. 3

9. Pourquoi dit-on que Saint-Denis est la ville la plus importante de la Réunion ?

10. D'après le texte, quelles sont les fonctions de la ville ?

11. Quel équipement important de Saint-Denis permet de relier la Réunion à la Métropole ?

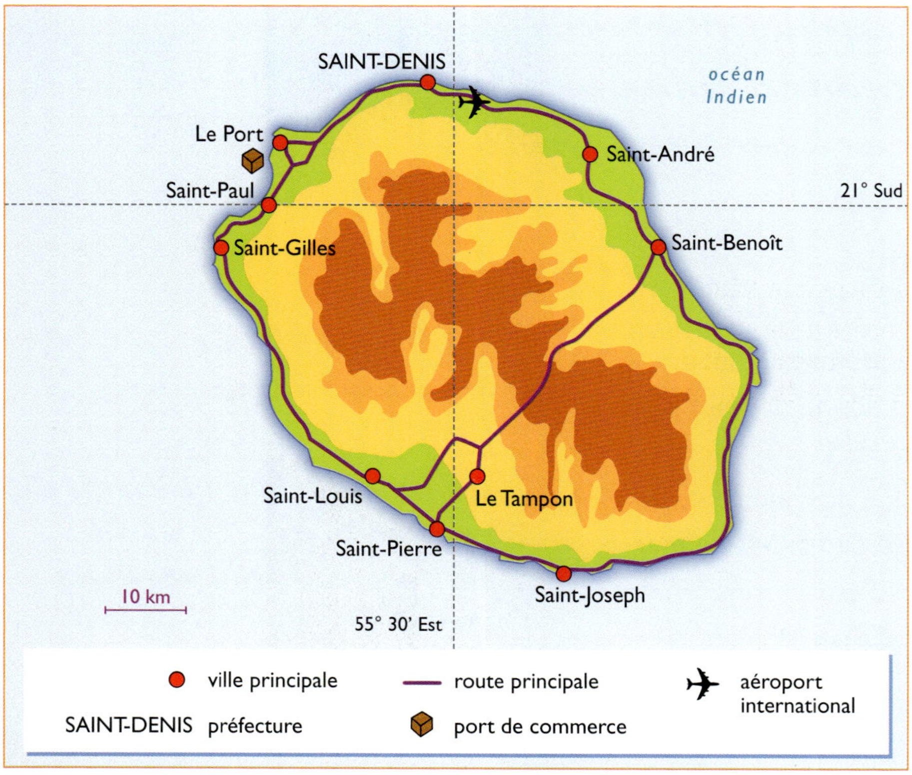

Doc. 4 : L'île de la Réunion.

12. Où se répartissent la plupart des villes sur l'île ?

13. Où passent les routes principales ?

14. Grâce à quels moyens de transport l'île de la Réunion et la Métropole sont-elles en lien ?

15. Observe les cartes des autres DROM à la fin du livre. Réponds aux questions 12 à 14 pour chaque territoire.

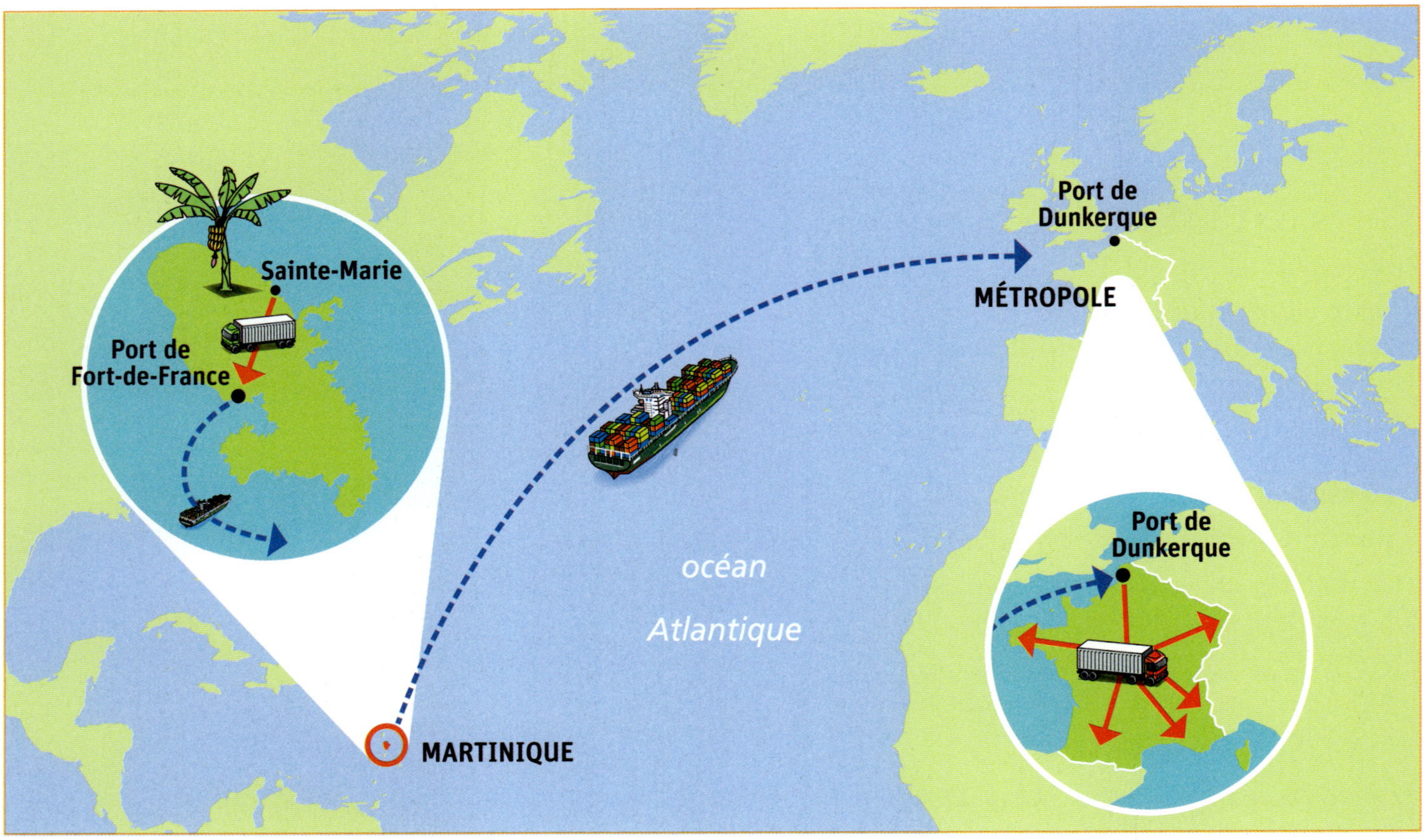

Doc. 1 : Le transport des bananes de la Martinique à la Métropole.

1. Où les bananes sont-elles produites (Doc. 1) ?
2. Comment sont-elles acheminées jusqu'au port de Fort-de-France ?
3. Dans quel port de la France métropolitaine arrivent-elles ?
4. Où et comment sont-elles livrées sur le territoire métropolitain ?

DES TERRITOIRES DÉPENDANTS DE LA MÉTROPOLE

L'ampleur des flux financiers venant de Métropole fait de chaque [région] ultramarine un véritable îlot de richesse au sein d'un environnement relativement pauvre […].
Qu'il s'agisse [de la richesse] par habitant, de l'indice de développement humain* (IDH) ou de l'espérance de vie à la naissance, la France d'Outre-mer contraste avec les États voisins.

Jean-Christophe Gay, dans « L'Outre-mer français en mouvement », *Documentation photographique* n° 8031, 2003.

* indice de développement humain : mesure du niveau de développement d'un pays qui prend en compte la durée de vie, la santé, l'éducation et la richesse des habitants.

5. D'où vient la richesse des régions ultramarines (Doc. 2) ?
6. Comment est le niveau de vie des territoires ultramarins par rapport à celui des États voisins ?

Doc. 2

Doc. 3 : Une publicité touristique pour Mayotte.

7. Repère, sur le planisphère au début du livre, dans quel océan se situe Mayotte.

8. Décris le Doc. 3. D'après toi, quels sont les atouts des îles tropicales comme Mayotte pour les touristes ?

9. Le tourisme n'est pas une activité pratiquée tout au long de l'année. À ton avis, est-ce un problème pour l'économie de Mayotte ?

ÉMIGRATION ET IMMIGRATION AUX ANTILLES

Le nombre des immigrants antillais venus chercher du travail en Métropole qui s'y installent durablement a été multiplié par 15 en moins de 50 ans. Aujourd'hui, 1 Antillais sur 4 nés aux Antilles vit en Métropole. Peu d'Antillais retournent aux Antilles par la suite.

Par ailleurs, la Guadeloupe et la Martinique accueillent peu d'immigrés venus des pays voisins plus pauvres. Ce n'est pas le cas des autres DROM. La Guyane, par exemple, accueille de nombreux immigrés du Brésil, du Surinam et d'Haïti, attirés par sa relative richesse et la recherche de l'or, ou fuyant la guerre.

Doc. 4

10. Les Antillais venus vivre en Métropole sont-ils nombreux (Doc. 4) ? Explique pourquoi.

11. Les Antilles accueillent-elles beaucoup d'immigrés venus des pays voisins plus pauvres ? Et les autres DROM ?

12. Pourquoi certains habitants du Brésil, du Surinam et d'Haïti s'installent-ils en Guyane ?

Les DROM et l'Union européenne

Les DROM font partie de l'Union européenne comme tous les territoires français. Ils reçoivent des subventions pour les aider à développer leurs activités et leurs infrastructures. Ainsi, l'Union européenne soutient les Antilles pour l'exportation des produits comme le sucre et la banane, le développement de nouvelles filières agroalimentaires (les plantes médicinales et aromatiques, par exemple), et les modes de production respectueux de l'environnement.

l'Europe s'engage en Guadeloupe
Fonds Européen Agricole pour le Développement Rural :
l'Europe investit dans les zones rurales

Le logo signalant un projet agricole financé par l'Union européenne en Guadeloupe.

Un avion de la compagnie Air Tahiti.

Des transports coûteux

Les DROM-COM sont des territoires très éloignés de la Métropole. Or, ces territoires effectuent la quasi-totalité de leurs échanges avec elle. Ils doivent donc utiliser les transports aériens pour acheminer les personnes et les transports maritimes pour acheminer les marchandises, ce qui est très coûteux.

La base de Kourou, en Guyane

Kourou, en Guyane, est le site du Centre spatial guyanais, d'où sont tirées les fusées Ariane, permettant le lancement des satellites de télécommunications. Le centre est un symbole de la puissance scientifique et industrielle de la France et de l'Europe.

Le Centre spatial guyanais, à Kourou (Guyane).

Des territoires précieux pour la France

Les territoires ultramarins représentent un véritable atout pour la France. Ils lui permettent une présence scientifique, commerciale et militaire sur tous les océans du monde. La France possède ainsi le 3e domaine maritime du monde et peut exploiter les ressources maritimes sur une zone de 370 km à partir des côtes.

Un bateau de guerre français en Nouvelle-Calédonie.

LEXIQUE

COM : collectivités d'Outre-mer (Nouvelle-Calédonie, Polynésie française, Saint-Barthélemy, Saint-Pierre-et-Miquelon, Saint-Martin, Wallis-et-Futuna, terres Australes et Antarctiques françaises).

Métropole : la France de l'Hexagone par opposition à la France d'Outre-mer.

Métropolitain : de la Métropole.

Ultramarin : d'Outre-mer.

CARNET DE ROUTE

Des terres lointaines

La plupart des **départements, régions et collectivités d'Outre-mer** (DROM-**COM**) sont des îles tropicales (Martinique, Guadeloupe, la Réunion, Mayotte, Nouvelle-Calédonie, Polynésie française) disséminées dans tous les océans du globe. Grâce à ces territoires, la France est présente partout dans le monde.

La vie locale

La population des territoires **ultramarins** est concentrée sur les côtes. Un **port de commerce** et un **aéroport** permettent de faire le lien avec la **Métropole** et les autres pays du monde. Les habitants travaillent dans les domaines du **tourisme**, de l'**administration** et de l'**agriculture**.

Deux types d'agriculture existent dans les îles tropicales : l'agriculture traditionnelle destinée à la **consommation locale** et l'agriculture de plantation (bananes, canne à sucre…) destinée à l'**exportation**.

Des économies dépendantes de la Métropole

La Métropole achète **la plupart de la production agricole** des DROM-COM. Les productions locales étant insuffisantes pour satisfaire les besoins des habitants, les DROM-COM **importent** la plupart de leurs produits. Les économies des territoires ultramarins reposent également sur les **aides financières métropolitaines et européennes.**

Le **niveau de vie des DROM-COM est inférieur à celui de la France métropolitaine**, mais il reste supérieur à celui des pays voisins, ce qui pose des problèmes d'**immigration**. Les difficultés économiques et sociales des territoires ultramarins entraînent une forte **émigration** vers la Métropole.

Qu'est-ce que

La France joue un rôle international important par sa langue et sa culture. Elle est également présente dans le monde entier dans les domaines de l'économie et de la politique.

Doc. 1 : La langue française dans le monde.

1. Cite des pays ou des régions où le français est la langue maternelle et officielle des habitants.

2. À quoi correspond la couleur orange sur la carte ? Sur quel continent est-elle très présente ?

LE FRANÇAIS, LANGUE DE COMMUNICATION INTERNATIONALE

Le français est la 2e langue de communication internationale présente sur les 5 continents [après l'anglais]. Le français est langue officielle et de travail de pratiquement toutes les organisations internationales : ONU, UNESCO, Conseil de l'Europe... Il a longtemps été la langue de travail la plus utilisée dans les institutions de l'Union européenne et s'y trouve aujourd'hui à égalité avec l'anglais [...]. Le français est aussi la langue officielle de la plupart des grandes organisations non gouvernementales et en particulier des Jeux olympiques.

Site Internet de la Délégation générale à la langue française et aux langues de France : www.dglf.culture.gouv.fr

Doc. 2

3. Dis pourquoi le français est une langue de communication internationale (Doc. 2).

la francophonie ?

L'ORGANISATION INTERNATIONALE DE LA FRANCOPHONIE

Forte d'une population de plus de 890 millions d'habitants et de 220 millions de personnes parlant le français de par le monde, l'Organisation internationale de la Francophonie (OIF) a pour mission de donner corps à une solidarité active entre les 75 États et gouvernements qui la composent. Les missions de la Francophonie sont les suivantes :

- promouvoir la langue française et la diversité culturelle et linguistique ;
- promouvoir la paix, la démocratie et les droits de l'homme ;
- appuyer l'éducation, la formation, l'enseignement supérieur et la recherche ;
- développer la coopération au service du développement durable.

Site Internet de l'Organisation internationale de la Francophonie : www.francophonie.org

Doc. 3

4. Combien d'États et de gouvernements l'Organisation internationale de la Francophonie compte-t-elle (Doc. 3) ?

5. Quelles sont ses missions ?

6. Dans quel pays cette photographie a-t-elle été prise (Doc. 4) ?

7. De quel magasin s'agit-il ?

8. La gastronomie française a-t-elle bonne réputation à l'étranger ?

Doc. 4 : Une boulangerie française en Chine.

Doc. 5 : L'affiche du Festival du film français en République tchèque.

9. Pour quel événement cette affiche a-t-elle été créée (Doc. 5) ?

10. Quel symbole de la France est utilisé sur l'affiche ?

11. Dans quels domaines, autres que le cinéma, la France est-elle connue dans le monde ?

Comment la France est-elle en

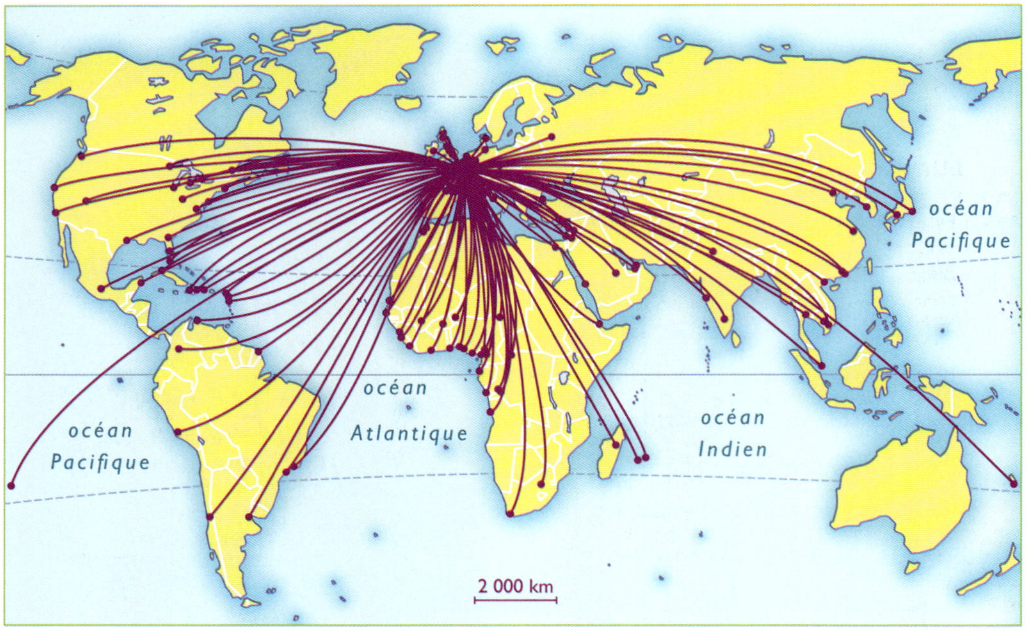

Doc. 1 : Les destinations proposées par la compagnie aérienne Air France depuis Paris.

1. Quels continents les vols Air France, au départ de Paris, desservent-ils (Doc. 1) ?

2. Les voyageurs qui prennent ces vols sont-ils tous français ? Pourquoi ?

3. Montre l'importance de cette chaîne de télévision dans le monde (Doc. 2).

4. D'après toi, par qui est-elle regardée ?

TV5MONDE : LA PREMIÈRE CHAÎNE MONDIALE DE TÉLÉVISION EN FRANÇAIS

Plus de 220 millions de foyers pouvant recevoir TV5MONDE par câble ou satellite, 24 heures sur 24, dans plus de 200 pays et territoires font de TV5MONDE l'un des 3 plus grands réseaux mondiaux de télévision, aux côtés de MTV et de CNN. Dix chaînes partenaires canadiennes, belges, suisses et françaises (France 2, France 3, ARTE France…) offrent à TV5MONDE le meilleur des télévisions francophones.

Site Internet de TV5MONDE : www.tv5.org

Doc. 2

أهلا بكم في الموقع الرسمي لمكتب باريس للسياحة والمؤتمرات

إباريس أزلية، كلها نشاط. أسرعوا لاكتشافها أو إعادة اكتشافها

سحر باريس

يفتن زوارها منذ القدم ومكتب باريس للسياحة والمؤتمرات يوفر لكم جميع المعلومات اللازمة عن المدينة.
...يساعدكم موقعنا على العثور على فندق، أو إقامة في فندق، أو سكن جامعي

ويقدم لكم معلومات عملية للتمتع بزيارة ناجحة في باريس ويخبركم عن كل الأحداث الجارية فيها وعن متاحفها ومبانيها الأثرية. باريس مدينة التاريخ والاحتفالات والشهرة، كما أنها عاصمة الإبداع! توفر لكل الأذواق آلاف الواجهات والمعروضات والمتاجر تفيض بالتحف العصرية أو الأثاث القديمة، وبالأدوات للاقتناء، أو بمجموعات مصممي الأزياء. باريس أيضا عاصمة فن التنعم بالأكل، وعناويننا عن المطاعم الكبيرة في انتظاركم. إذا أردتم التنزه فإنكم ستستمتعون بما يقارب 400 مساحة خضراء موزعة على كل أنحاء المدينة. كيفما كنتم تتنقلون، وحدكم أو بصحبة المرشد أو منظم الرحلات، على الدراجة أو بواسطة الأحذية المعجّلة فإنكم تجدون في خدمتكم وسائل نقل متنوعة تسمح لكم باكتشاف المدينة بطريقة غير ...معتادة

باريس، عاصمة كل الأحلام، تجمع في أحضانها عددا كبيرا من الأجناس تعطي لها نشاطا وألوانا وطابعا ...فريدا

ستجدون عبر أبواب موقعنا الثمانية كل المعلومات اللازمة كي تزوروا الأحياء التي تريدون في باريس

5. En quelle langue ce texte est-il rédigé (Doc. 3) ?

6. À qui ce texte est-il destiné ?

7. D'après toi, de quoi est-il question dans ce texte ?

Doc. 3 : Un extrait du site de l'Office du Tourisme et des Congrès de Paris (parisinfo.com) en arabe.

relation avec le reste du monde ?

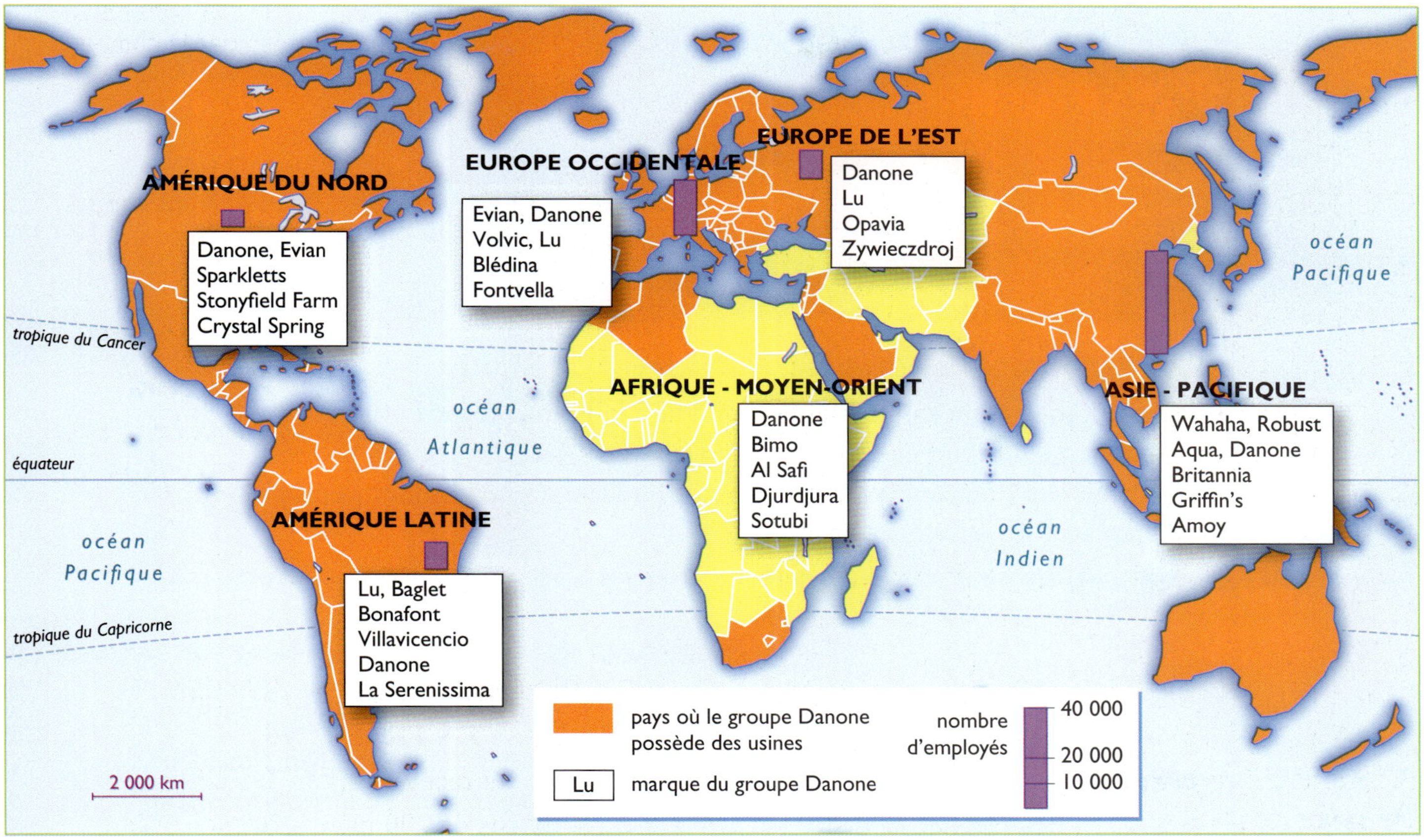

Doc. 4 : Les usines du groupe français Danone dans le monde.

8. Sur quels continents le groupe français Danone possède-t-il des usines (Doc. 4) ?

9. Sur quel continent Danone a-t-il le plus d'employés ?

LA FRANCE DANS LES ORGANISATIONS INTERNATIONALES

La France est présente dans les grandes organisations internationales. Elle a souvent la présidence de l'Organisation mondiale du commerce (OMC) ou du Fonds monétaire international (FMI). Elle est l'un des 5 membres permanents du Conseil de sécurité de l'Organisation des nations unies (ONU) et participe ainsi aux tentatives de règlement pacifique de nombreux conflits dans le monde. Elle est membre du G20, qui regroupe les pays les plus riches et les plus influents de la planète. Elle accueille, à Paris, le siège de l'Organisation des nations unies pour l'éducation, la science et la culture (UNESCO). Défenseur des droits de l'homme, la France bénéficie d'une image positive sur la scène internationale. Mais son influence régresse, concurrencée par les États-Unis et, depuis peu, par la Chine.

Doc. 5

10. Dans quelles organisations internationales la France est-elle présente (Doc. 5) ?

11. Pourquoi bénéficie-t-elle d'une image positive sur la scène internationale ?

12. L'influence de la France est-elle toujours aussi importante ? Explique pourquoi.

En savoir plus sur… la France

Le futur musée du Louvre Abou Dabi (Émirats arabes unis).

Le Louvre Abou Dabi

Le musée du Louvre Abou Dabi est né d'un accord entre la France et les Émirats arabes unis. Ce musée, qui ouvrira en 2013 à Abou Dabi, exposera des œuvres prêtées par les musées français. La France aidera le Louvre Abou Dabi à se constituer sa propre collection pour remplacer les œuvres prêtées.

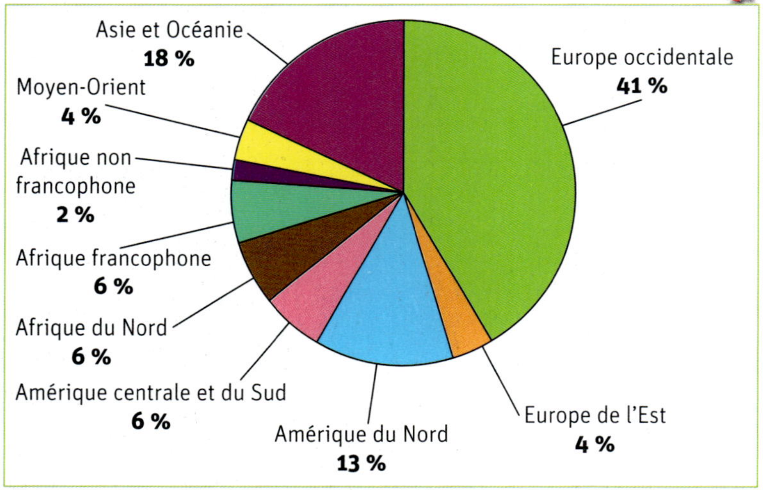

Le lieu de résidence des Français à l'étranger.

Les Français à l'étranger

Deux millions de Français résident à l'étranger. Ces expatriés travaillent notamment dans la diplomatie française ou pour des entreprises multinationales françaises. Ils sont également actifs dans l'hôtellerie, la gastronomie, la viticulture, la mode et le luxe.

Le réseau culturel français à l'étranger

La France possède un grand réseau d'établissements culturels à travers le monde. On compte 145 instituts et centres culturels français et 1 075 Alliances françaises, répartis dans plus de 130 pays. Ce réseau est associé au service culturel des ambassades. Sa mission est de promouvoir la diffusion de la langue et de la culture françaises à l'étranger, et de favoriser les échanges culturels. Chaque année, plus de 450 000 personnes apprennent le français dans les Alliances françaises.

Une Alliance française, à Madagascar.

Les ONG françaises

Les ONG (organisations non gouvernementales) françaises telles que Action contre la faim, Médecins du monde et Handicap international, travaillent sur tous les continents. Elles sont particulièrement actives en Afrique et en Asie, pour aider les populations les plus fragiles. Elles interviennent dans plusieurs domaines : l'aide humanitaire d'urgence, les actions de développement, la solidarité internationale, les droits de l'homme et l'environnement.

Le logo de Médecins du monde.

LEXIQUE

Francophonie : ensemble des pays où est parlé le français.

Langue maternelle : langue parlée par toute la population d'un pays.

Langue officielle : langue utilisée uniquement dans l'administration, les actes officiels et à l'école.

ONG : organisation non gouvernementale qui met en place des actions humanitaires en France ou à l'étranger.

CARNET DE ROUTE

La francophonie

Le français est la **langue maternelle**, **officielle** ou fréquemment utilisée pour environ **220 millions de personnes dans le monde**. Il est parlé sur les 5 continents.

Les 75 pays qui ont en commun l'usage du français forment une communauté : la **francophonie**. Ils sont rassemblés au sein de **l'Organisation internationale de la Francophonie** (OIF). Les médias français sont présents dans le monde entier, avec TV5MONDE notamment. La France s'appuie également sur **les instituts et centres culturels, les Alliances françaises** et **les services culturels des ambassades** pour promouvoir la langue et la culture françaises à l'étranger.

Le rayonnement de la France

La France est en lien avec le monde entier grâce aux **transports aériens**. Elle est **le pays le plus visité du monde** et accueille plus de 80 millions de touristes étrangers par an.

Les **entreprises françaises** (Michelin, Carrefour, Danone…) fabriquent de plus en plus leurs produits **à l'étranger**. Elles **exportent** des produits industriels, alimentaires et des produits de luxe. Des **entreprises étrangères** (Toyota, Siemens…) viennent **s'implanter en France**.

Le rôle international de la France

La France a un **rôle militaire et diplomatique important**. Elle est présente dans les organisations internationales (ONU, UNESCO, G20) et elle apporte son **aide financière et humanitaire** sur les 5 continents. Les **ONG** françaises (Action contre la faim, Médecins du monde, Handicap international...) sont présentes dans le monde entier.

Je décris l'aéroport de Lyon-Saint-Exupéry

Pour décrire l'aéroport de Lyon-Saint-Exupéry, tu dois observer la photographie aérienne de l'aéroport et identifier les différents éléments que tu vois.

- Décris les différents espaces : les pistes pour les avions, les parkings pour les véhicules, les routes, la voie ferrée...
- Cite les bâtiments principaux : les terminaux où arrivent et d'où partent les passagers, la gare TGV.

Je présente l'aéroport de Lyon-Saint-Exupéry

Pour présenter l'aéroport, tu dois rechercher des informations le concernant : les chiffres clés indiquant son importance, un plan de l'aéroport...

- Recherche le nombre de passagers par an et les destinations de l'aéroport de Lyon-Saint-Exupéry. L'aéroport de Lyon-Saint-Exupéry accueille près de 8 millions de passagers chaque année. C'est aussi une plate-forme pour le fret (transport de marchandises). Il propose plus de 120 destinations directes : toutes les grandes métropoles européennes sont accessibles par des vols directs et en aller-retour dans la journée. C'est le 4e aéroport français derrière Paris-Charles-de-Gaulle, Paris-Orly et Nice-Côte-d'Azur.

• Observe le plan de l'aéroport et compare-le avec la photographie aérienne.

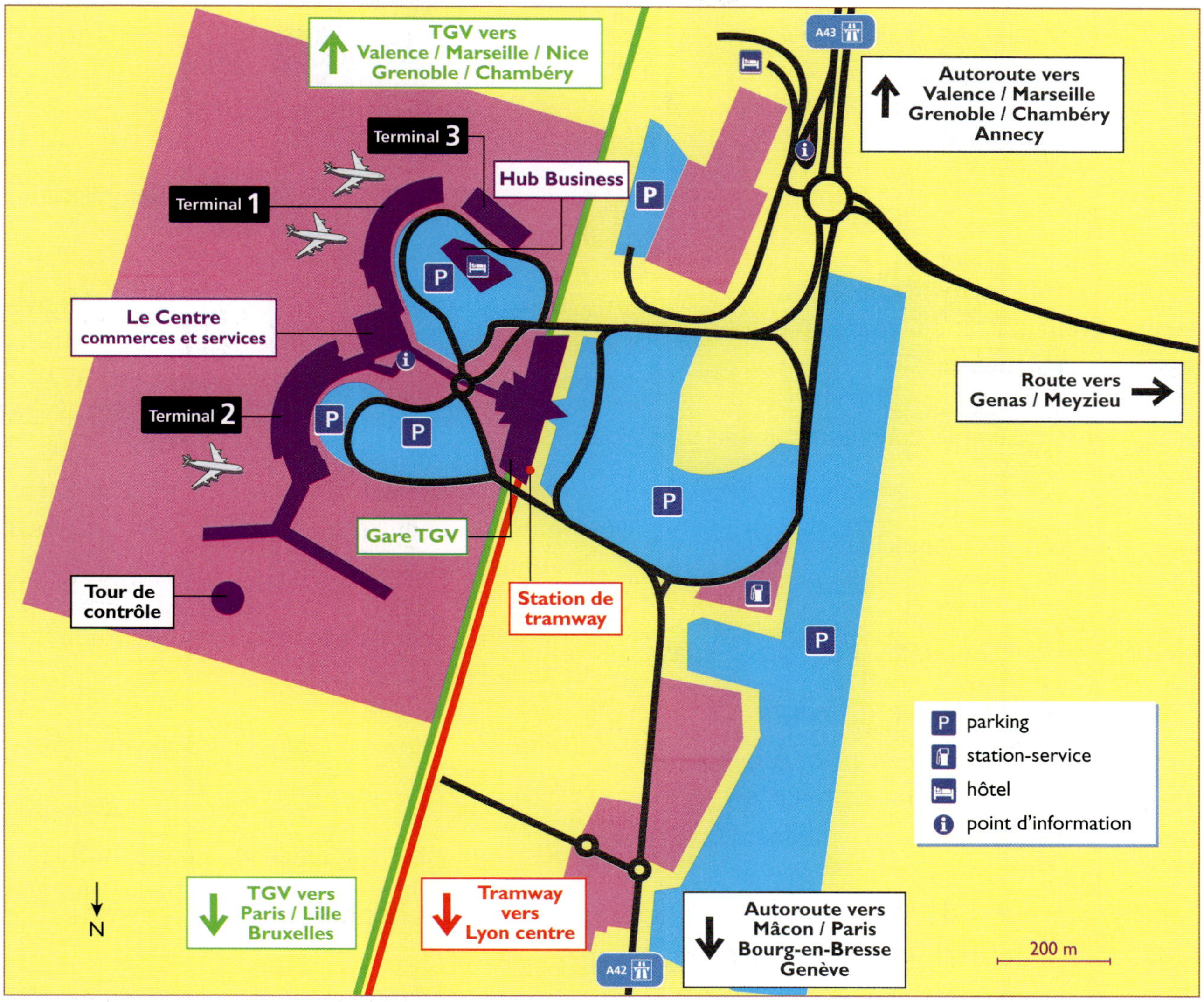

• Retrouve, sur le plan, les espaces et les bâtiments que tu vois sur la photographie et repère ceux que tu n'avais pas identifiés. Tu peux rechercher des informations supplémentaires sur ces éléments nouveaux. La tour de contrôle est le bâtiment où travaille le service chargé du contrôle aérien (les aiguilleurs du ciel). L'aéroport comprend des hôtels, un centre de commerces et de services (Le Centre) et un centre d'affaires (Hub Business).

J'ANALYSE LE NŒUD DE COMMUNICATIONS

L'aéroport de Lyon-Saint-Exupéry est un nœud de communications, c'est-à-dire qu'il est le point de rencontre de nombreuses voies de communication et de plusieurs moyens de transport. Pour le montrer, tu dois les repérer sur la photographie et le plan de l'aéroport.

• Cite les différentes voies de communication qui mènent à l'aéroport.
• Cite les différents moyens de transport présents dans l'aéroport.
• Indique quelles villes françaises sont reliées à l'aéroport par l'autoroute, puis par le TGV.

Petit dictionnaire de la France à toutes les échelles

A

Activités tertiaires : activités de services : transport, banque, communication, commerce, tourisme, enseignement, santé…

Agglomération : ensemble constitué par une ville et sa banlieue.

Aiguilleur du ciel : personne chargée de contrôler la circulation des avions.

Ambassade : représentation de l'État dans un pays étranger.

Autoroute : voie de circulation pour automobiles avec deux sens de circulation bien séparés et au moins quatre voies.

B

Banlieue : communes autour d'une ville qui forment avec elle un ensemble.

C

Capitaux : biens possédés par une personne ou une entreprise et qui rapportent un revenu.

Centre culturel : lieu où sont organisées des animations (spectacles, expositions, cours collectifs…) pour les habitants.

Centre-ville : partie ancienne de la ville.

Citadin : personne qui habite en ville.

Collectivité territoriale : division administrative de la France.

COM : collectivités d'Outre-mer (Nouvelle-Calédonie, Polynésie française, Saint-Barthélemy, Saint-Pierre-et-Miquelon, Saint-Martin, Wallis-et-Futuna, terres Australes et Antarctiques françaises).

Communauté de communes : regroupement de communes pour gérer ensemble l'eau, les déchets, les transports…

Commune : unité de base du découpage administratif de la France.

Compost : engrais produit à partir de déchets végétaux.

Conseil général : assemblée élue au suffrage universel par les habitants du département, qui gère le département.

Conseil municipal : assemblée élue au suffrage universel par les habitants de la commune, qui gère la commune.

Conseil régional : assemblée élue au suffrage universel par les habitants de la région, qui gère la région.

Continent : vaste étendue de terre entourée de mers.

Covoiturage : utilisation d'une seule voiture par plusieurs personnes effectuant le même trajet.

Créole : propre aux personnes dont les ancêtres sont européens et qui sont nées aux Antilles, en Guyane ou à la Réunion.

D

Déchets ménagers : déchets produits par les gens dans leur vie quotidienne (restes d'aliments, emballages…).

Densité de population : nombre d'habitants vivant dans un espace carré de 1 km de côté.

Désertification : ensemble des phénomènes qui entraînent le départ des habitants.

DROM : départements et régions d'Outre-mer (Guadeloupe, Guyane, Martinique, Mayotte, Réunion).

E

Éboueur : personne chargée de ramasser les déchets ménagers.

Échelle cartographique : relation entre la distance sur la carte et la distance réelle sur le terrain.

Échelle géographique : niveau d'analyse d'un espace.

Équipements : bâtiments et infrastructures (routes, hôpitaux, écoles…) mis à la disposition des habitants par les collectivités territoriales.

Espace Schengen : ensemble de pays signataires de la convention de Schengen (1990) permettant la libre circulation des personnes d'un pays à l'autre dans l'Union européenne.

État : territoire délimité par des frontières et dirigé par un gouvernement.

Eurostar : train à grande vitesse empruntant le tunnel sous la Manche pour relier Bruxelles et Paris à Londres.

F

Francophonie : ensemble des pays où est parlé le français.

Fret : transport de marchandises.

Frontière : limite entre deux États.

L

Langue de communication : langue utilisée par des personnes qui ne parlent pas la même langue et qui veulent se comprendre.

Langue maternelle : langue parlée par toute la population d'un pays.

Langue officielle : langue utilisée uniquement dans l'administration, les actes officiels et à l'école.

LGV : ligne ferroviaire à grande vitesse.

Lotissement : ensemble de maisons individuelles à peu près toutes identiques et regroupées.

M

Maire : élu par le conseil municipal, il dirige la commune.

Métropole :
- très grande agglomération.
- la France de l'Hexagone par opposition à la France d'Outre-mer.

Métropolitain : de la Métropole.

O

ONG : organisation non gouvernementale qui met en place des actions humanitaires en France ou à l'étranger.

P

Périurbain : situé autour d'une ville.

Préfet : représentant de l'État dans les départements et les régions.

Q

Quartier : partie d'une ville qui présente un ensemble de caractères communs.

Quartier d'affaires : quartier regroupant des entreprises et des services variés.

Quartiers périphériques : quartiers situés à l'extérieur du centre-ville.

R

Raffinerie de pétrole : usine où le pétrole est traité afin d'être utilisé dans l'industrie et les transports.

Recyclage : fabrication de nouveaux produits à partir de matériaux usagés.

Réseau de transports : ensemble des voies de communication qui desservent un territoire.

Réseau urbain : ensemble des villes et des voies de communication qui les relient entre elles.

Résidentiel : où il y a surtout des bâtiments d'habitation.

Route maritime : trajet suivi par les bateaux sur les mers ou les océans.

Rue : voie publique bordée de maisons ou d'immeubles.

Rural : qui ne fait pas partie de la ville.

S

Services publics : services rendus aux personnes par une administration publique (poste, éducation, transports en commun…).

Station d'épuration : usine dans laquelle les eaux usées sont filtrées et nettoyées avant d'être rejetées dans la nature.

T

Terminal : dans un aéroport, bâtiment où arrivent et d'où partent les passagers.

TGV : train à grande vitesse.

Tour de contrôle : dans un aéroport, bâtiment où travaille le service chargé du contrôle aérien.

Transports en commun : transports publics que tous les gens peuvent utiliser pour leurs trajets quotidiens (bus, tramway, métro…).

U

Ultramarin : d'Outre-mer.

Urbain : qui appartient à la ville.

Usine sidérurgique : usine où l'on transforme le minerai de fer en acier.

V

Voie ferrée : voie de chemin de fer où circulent les trains.

Voie navigable : fleuve, rivière ou canal où les bateaux peuvent circuler.

Z

Zone industrialo-portuaire : zone aménagée près d'un port et accueillant des activités portuaires et industrielles.

La France administrative

Les départements et régions d'Outre-mer

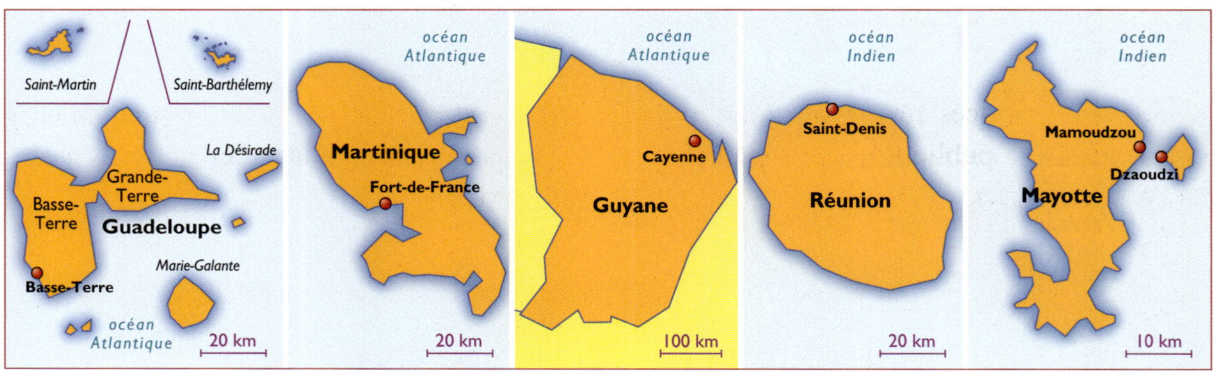

Crédits photographiques

Rabat avant : h. © Bertrand Gardel / Gettyimages ; **m.** © Joel Damase / Photononstop ; **b.** © Yann Guichaoua / Hoa-Qui. **P. 5 :** © Pierre Gleizes / REA. **P. 6 : 1.** © Yann Layma / Photographer's Choice / Gettyimages. **P. 7 : 2.** © Pierre Gleizes / REA ; **4.** © Frédéric Maigrot / REA. **P. 8 : 1.** © Benoît Decout / REA ; **2.** © François Perri / REA ; **3.** © Mairie de Brie-Comte-Robert. **P. 10 : h.** © Jean-Pierre Degas / Hemis / Corbis ; **m.** © Grand Lyon ; **b.** Daniel Dauchet, Maison de quartier de la Paderne. **P. 11 : h.** © The Metropolitan Museum of Art, Dist. RMN / Image of the MMA. **P. 12 : 1.** © François Jourdan / Explorer / Gamma-Rapho. **P. 13 : 2.** © François Henry / REA ; **3.** © Xavier Testelin / Rapho ; **4.** © Pierre Bessard / REA. **P. 14 : 1.** © Nicolas Tucat / REA ; **2.** © Antoine Gyori / Sygma / Corbis. **P. 15 : 3.** © AS Réseau, Rapides de Bourgogne. **P. 16 : h.** © Xavier Popy / REA ; **m.** © Jean-Claude Moschetti / REA ; **b.** © Pascal Sittler / REA. **P. 17 : h.** © Conseil général du Morbihan. **P. 18 : 1.** © Philippe Roy / Hoa-Qui / Gamma-Rapho. **P. 19 : 2.** © Alexandre Gelebart / REA ; **3.** © Stéphane Audras / REA. **P. 21 : 3.** © Richard Damoret / REA ; **5.** © Pierre Bessard / REA. **P. 22 : h.** © Pierre Gleizes / REA ; **m.** © Richard Damoret / REA ; **b.** © Emmanuel Valentin / Hoa-Qui. **P. 23 : h.** © Gilles Rolle / REA. **P. 26 : 1.** © Patrick Allard / REA. **P. 27 : 3.** © Pierre Gleizes / REA. **P. 28 : 2.** © Pascal Deloche / Godong / Photononstop. **P. 30 : m.** © Mairie d'Auxonne ; **b.** © Gérard Sioen / Rapho. **P. 31 : h.** © Nicolas Tavernier / REA. **P. 32 : 1.** © Delphine Deveaux. **P. 33 : 4.** © Claude Pavard / Hoa-Qui. **P. 35 : 4.** © Laurent Grandguillot / REA. **P. 36 : h et b.** © François Henry / REA. **P. 37 : h.** © François Henry / REA. **P. 41 : 2.** © Gilles Rolle / REA. **P. 42 : h. g.** Jacques Guillard / Scope-Image ; **h. d.** Peter Adams / Photographer's Choice / Gettyimages ; **m.** © Stéphanie Saïsse ; **b.** © Peter and Georgina Bowater / Tips / Photononstop. **P. 43 : h.** © Pierre Gleizes / REA. **P. 46 : 1.** © Jean-Paul Azam / hemis.fr / Gettyimages ; **2.** © Sylvain Grandadam / Hoa-Qui. **P. 47 : h.** © Jean-Bernard Carillet / Lonely Planet Images / Photononstop. **P. 49 : h.** © Comité Départemental du Tourisme de Mayotte. **P. 50 : h.** © Délégation à l'aménagement du territoire et à l'attractivité régionale ; **m.** © Ben Artzi / REA ; **b.** © Patrick Aventurier / Gettyimages News / Gettyimages. **P. 51 : h.** © Marc Le Chelard / AFP. **P. 53 : 4.** © Antonio Pisacreta / ROPI-REA ; **5.** © Ambassade de France en République tchèque. **P. 54 : 3.** © Office du Tourisme et des Congrès de Paris. **P. 56 : h.** © Ateliers Jean Nouvel ; **b.** © Christian Vaisse / Hoa-Qui. **P. 57 : h.** © Médecins du Monde. **P. 58 : h.** © Gilles Rolle / REA. **Rabat arrière : h.** © Fridmar Damm / Corbis ; **m.** © Alain Le Bot / Photononstop ; **b.** © Stéphanie Saïsse.

Crédit texte

P. 52 : 2. Extrait du site Internet de la Délégation générale à la langue française et aux langues de France – Ministère de la Culture et de la Communication.

Responsable de projet : Delphine DEVEAUX

Secrétaire d'édition : Pauline GABEREL

Création de la maquette de couverture : Laurent CARRÉ et Estelle CHANDELIER

Illustration de la couverture : Alain BOYER

Exécution de la maquette de couverture : TYPO-VIRGULE

Création de la maquette intérieure : Laurent CARRÉ

Mise en pages : TYPO-VIRGULE

Illustrations : Valérie STETTEN (fonds matières et cadres des pages « En savoir plus »)
Gilles POING (dessins)
Alain BOYER (fonds textes)
Nathalie DESVERCHÈRE (fonds matières des « Carnets de route »)

Cartographie : DOMINO (Nathalie GUÉVENEUX)

Recherche iconographique : Delphine DEVEAUX et Pauline GABEREL

Fabrication : Nicolas SCHOTT

Achevé d'imprimer en Espagne par CAYFOSA
Dépôt légal : 02/2012
Collection n° 74
Edition n° 01
11/7921/7